ここが知りたい建築紛争

NPO法人 建築問題研究会 編

日本加除出版株式会社

はしがき

　建築紛争は、専門的な建築知識を必要とする場面が多いため、ともすれば詳細な建築技術に関する知識の解説に比重をおいた書籍が多かったように思います。

　本書は、初めて建築相談を受ける弁護士を念頭に、法律相談、処理方針の決定、利用できる手続（ADR、調停、訴訟）やその具体的内容などについて実践的な解説を加えると共に、具体的事例を通して建築紛争に関する基本的な知識と理解を深めていただくことを目的として編集されたものです。また、建築紛争の解決には弁護士と建築士の連携が極めて重要であることから、両者の共著であるという点でも更に実践的でわかりやすい内容となっています。

　事例Q&A（第2部）と手続（第3部）で内容が重複する部分もありますが、本書を手に取られる方が、いずれから入られても知識と理解を得られるように構成したものです。本書が、初めて建築紛争に取り組む弁護士にとって、苦手意識を持つことなく取り組むための一助になれば幸いです。

　なお、第5部「建築士から見た建築（戸建て住宅）紛争に巻き込まれないための留意点」は、これから住宅を建てようとする方々に対する提言という形式になっていますが、建築紛争が起こる根本的な原因を把握しておくことは、建築紛争に携わる弁護士にとっても大切なことであり、参考にしていただければと思います。

　平成28年11月

　　　　　　　　　　　　　NPO法人 建築問題研究会

編　者

特定非営利活動法人　建築問題研究会
（ASJ：Architecture Sergeant for JUSTICE）

　建築問題研究会とは、平成11年から、一級建築士と弁護士が、建築技術・法律解釈の両面から「欠陥建築」が生まれる原因と、そこ至る経緯を分析し、研究している専門家の集団で、平成14年３月29日にNPO法人として設立しました。

　一戸建て、マンション、ビルなどの建物の欠陥などについてのお悩みや不安について、一級建築士と弁護士とで、問題を特定し、解決するお手伝いのための相談会を毎月１回開催しています。

ホームページ　http://www.npo-asj.com/

執筆者

弁　護　士	里　田　百　子	（大阪弁護士会）
	中　川　尚　子	（大阪弁護士会）
	藤　原　道　子	（大阪弁護士会）
	伊　藤　孝　江	（大阪弁護士会）
	松　井　淑　子	（大阪弁護士会）
	有　吉　雅　子	（大阪弁護士会）
	黒　田　泰　子	（大阪弁護士会）
	郷　原　章　裕	（奈良弁護士会）
	宮　下　宏　恵	（大阪弁護士会）
	古　野　裕衣子	（大阪弁護士会）
一級建築士	河　添　佳洋子	（有限会社フォルム・ディ一級建築士事務所）
	中　山　卓　三	（株式会社都市・建築設計事務所アイタック）

凡　例

凡　　例

　文中において使用する略記は、以下のとおりです。

【法令等】

品確法………………………住宅の品質確保の促進等に関する法律

瑕疵担保責任履行法……特定住宅瑕疵担保責任の履行の確保等に関する法律

特商法………………………特定商取引に関する法律

宅建業法…………………宅地建物取引業法

区分所有法………………建物の区分所有等に関する法律

【出典】

民集…………………………最高裁判所民事判例集

集民…………………………最高裁判所裁判集民事編

判時…………………………判例時報

判タ…………………………判例タイムズ

目　　次

第1部　建物（戸建て住宅）完成までの流れ

第1章　住宅ができるまで ——————————————— *1*

1　住宅が完成するまでの流れ…………………………………… *1*

　(1)　設　計………………………………………………………… *1*

　　　【POINT】建築士の資格…………………………………… *1*

　(2)　工事監理・中間検査・完了検査………………………… *4*

　(3)　施　工………………………………………………………… *4*

　　　【COLUMN】監理と管理…………………………………… *5*

2　住宅建築の関係者など……………………………………… *6*

　　　【COLUMN】住宅の種類と法律構成……………………… *9*

第2章　関係法令等 ————————————————— *11*

1　請求根拠となる法令「民法」—現行法と改正の方向性—……… *11*

　(1)　売主の瑕疵担保責任………………………………………… *11*

　(2)　請負人の瑕疵担保責任……………………………………… *12*

　(3)　瑕疵担保責任に関する民法改正が建築紛争処理にもたら

　　　す影響について………………………………………………… *12*

　(4)　不法行為……………………………………………………… *13*

2　建築に関する法制度………………………………………… *13*

　(1)　建築に関する法令等………………………………………… *13*

　(2)　都市計画法…………………………………………………… *15*

目 次

（3） 消防法……………………………………………………………………16

（4） 宅地造成等規制法……………………………………………………16

（5） 道路法……………………………………………………………………17

3　注文者保護のための法制度……………………………………………18

（1） 住宅の品質確保の促進等に関する法律（品確法）………………18

（2） 特定住宅瑕疵担保責任の履行の確保等に関する法律（瑕
　　疵担保責任履行法）…………………………………………………19

（3） 特定商取引に関する法律（特商法）………………………………20

（4） 消費者契約法……………………………………………………………20

（5） 宅地建物取引業法（宅建業法）………………………………………20

4　建築関与者に関する規制等……………………………………………21

（1） 建築士法…………………………………………………………………21

（2） 建設業法…………………………………………………………………22

第2部　事例Q&A

第1章　新築一戸建てを購入したが、雨漏りがする ケース ——————————— 25

1　事情聴取…………………………………………………………………26

（1） 相談を受ける際の心構え………………………………………………26

（2） 具体的事実の確認………………………………………………………26

　　【COLUMN】事情聴取のコツ………………………………………28

（3） 業者との交渉等の有無…………………………………………………28

（4） 専門家による確認の有無………………………………………………28

2　確認すべき書類…………………………………………………………29

（1） 新築一戸建ての売買に関連する書類………………………………29

⑵　書類の入手方法‥‥‥‥‥‥‥‥‥‥‥‥‥‥‥‥‥‥‥‥‥‥‥‥*30*

　　　　【POINT】建築図面等の保存年限‥‥‥‥‥‥‥‥‥‥‥‥‥‥*31*

　3　相談者の希望の確認と法律構成‥‥‥‥‥‥‥‥‥‥‥‥‥‥*31*

　　⑴　雨漏りの補修、天井の張り替えを求めることができるか

　　　　―品確法に基づく修補請求の可否―‥‥‥‥‥‥‥‥‥‥‥*32*

　　⑵　慰謝料請求の可否‥‥‥‥‥‥‥‥‥‥‥‥‥‥‥‥‥‥‥*32*

　4　責任追及するための費用 ── 弁護士費用、専門家調査の必

　　要性とその費用 ──‥‥‥‥‥‥‥‥‥‥‥‥‥‥‥‥‥‥‥*34*

　　⑴　弁護士費用‥‥‥‥‥‥‥‥‥‥‥‥‥‥‥‥‥‥‥‥‥‥*34*

　　⑵　専門家調査の必要性とその費用‥‥‥‥‥‥‥‥‥‥‥‥‥*36*

　5　現地調査の重要性―弁護士と建築専門家との協働―‥‥‥‥*37*

　　⑴　弁護士による現地確認‥‥‥‥‥‥‥‥‥‥‥‥‥‥‥‥‥*37*

　　⑵　専門家の選び方‥‥‥‥‥‥‥‥‥‥‥‥‥‥‥‥‥‥‥‥*37*

　6　一級建築士等との現地調査に際して‥‥‥‥‥‥‥‥‥‥‥*38*

　7　現地調査を終えて‥‥‥‥‥‥‥‥‥‥‥‥‥‥‥‥‥‥‥*40*

　　⑴　証拠化‥‥‥‥‥‥‥‥‥‥‥‥‥‥‥‥‥‥‥‥‥‥‥‥*40*

　　⑵　相手方への接触方法―書面での請求―‥‥‥‥‥‥‥‥‥‥*41*

　8　原因を特定できない場合―調停、ADRによる解決―‥‥‥*41*

　9　補修の先行‥‥‥‥‥‥‥‥‥‥‥‥‥‥‥‥‥‥‥‥‥‥*42*

　　⑴　現場の保存‥‥‥‥‥‥‥‥‥‥‥‥‥‥‥‥‥‥‥‥‥‥*42*

　　⑵　張り替え費用の回収‥‥‥‥‥‥‥‥‥‥‥‥‥‥‥‥‥‥*43*

　10　裁判官に建築を理解してもらうために―建築専門部・集

　　中部の存在―‥‥‥‥‥‥‥‥‥‥‥‥‥‥‥‥‥‥‥‥‥‥*43*

　11　実際に損害が回復できるか否か‥‥‥‥‥‥‥‥‥‥‥‥‥*44*

　　⑴　相手方の支払能力‥‥‥‥‥‥‥‥‥‥‥‥‥‥‥‥‥‥‥*44*

　　⑵　要した補修費用を全額回収できるか‥‥‥‥‥‥‥‥‥‥‥*44*

　12　補修により解決を図る場合‥‥‥‥‥‥‥‥‥‥‥‥‥‥‥*46*

目 次

第2章　追加変更代金を請求されたケース ——— 47

1 建築工事の特殊性と追加変更工事の発生················48

2 相談にあたって準備してもらうこと··················49

(1) 元の契約内容に関する資料··························50

(2) 追加変更に関する資料····························50

3 設計図書の入手方法····························51

(1) 建築計画概要書······························51

(2) 確認申請図面······························51

4 元の契約内容について争いがある場合—本工事なのか追加
変更工事なのか—····························52

5 追加変更代金請求が認められるための要件············53

6 見積り落ち······························55

(1) 契約書に記載がある場合························55

(2) 契約書に記載がない場合························55

【COLUMN】"安ければいい"というものではない········57

7 代金額の合意がない場合の考え方··················58

8 未払代金を払うべきか·························58

9 事件の係属······························60

10 建築士の関与·····························61

11 専門部における審理のメリット··················62

12 追加変更工事一覧表の作成····················63

(1) 追加変更工事の類型····························63

(2) 追加変更工事一覧表のひな形······················63

(3) 追加変更工事一覧表への記載の一般的な留意点··········64

【POINT】書証の提出の工夫····················65

【POINT】エクセルの活用····················66

(4) 追加変更工事一覧表··························67

13 付調停─調停に付すメリット─ 69

 (1) 建築士の関与 69

 (2) 話し合いによる解決 69

 (3) 早期解決 70

 (4) 解決の柔軟性 70

14 現地確認の必要性 71

 (1) 現地確認の要否 71

 (2) 現地確認の時期 71

15 調停から訴訟へ 72

 (1) 調停で提出した書証等の扱い 72

 (2) 担当する裁判官は替わるか 72

16 終 結 73

第3章　リフォーム ─────────────── 75

1 相談にあたって準備してもらうこと 76

2 クーリング・オフの検討 77

 (1) クーリング・オフの要件 77

 (2) クーリング・オフの行使方法 78

 (3) クーリング・オフの効果 78

3 クーリング・オフ以外の方法 79

 (1) 法律構成の検討 79

 (2) 各構成の主張が認められる場合の効果 79

4 注文者の指示 80

5 修補請求と損害賠償請求 81

第4章　マンション外壁タイルの浮き ───── 83

1 初回相談時の資料の準備と聴取のポイント 84

 (1) 契約書・パンフレット 84

目　次

(2)　確認申請書及び確認済証、竣工図などの図面 ················ *84*

(3)　建築物定期調査結果報告書 ······································· *85*

　【COLUMN】定期報告制度の見直し ····························· *85*

(4)　写　真 ··· *85*

(5)　X建設との交渉経緯を時系列に従ってまとめたもの ········· *85*

(6)　その他関連資料一式 ·· *86*

2　事実関係把握の重要性 ··· *86*

(1)　現場保存の重要性 ··· *86*

(2)　浮きの範囲、位置、原因の調査 ··································· *87*

3　現地確認の必要性—資料と事情聴取だけで軽々に判断しない— ·· *87*

4　責任追及の相手方 ·· *88*

5　責任追及の方法 ·· *89*

(1)　一般的方法 ··· *89*

(2)　応急措置としての賠償請求 ·· *89*

6　立証責任 ··· *90*

7　管理組合内部の手続について ·· *90*

(1)　管理規約の確認 ··· *90*

(2)　管理組合がない場合 ·· *91*

(3)　管理組合を依頼者とする場合の注意点 ··························· *91*

第3部　手　続

第1章　相談（事情聴取）における留意事項 ————— *93*

1　建築相談の特殊性 ·· *93*

2　建築物は工業製品等とは違って完全無比のものではないこ

目　次

	とに留意する	93
3	建築士との連携と注意事項	94
4	聴取事項	94
(1)	時系列表の作成	94
(2)	関係者の特定	95
(3)	現場写真の準備	95
5	入手すべき資料	95
(1)	契約書	95
(2)	確認申請書	96
(3)	図面（設計図面、施工図面、竣工図面）	96
(4)	工事発注書・請書	96
(5)	建築計画概要書	96
(6)	確認申請図面	97
(7)	保険関係資料	97
(8)	住宅性能評価書	97
(9)	建築図面等の保存年限	97
6	現地確認	98
7	費用に関する説明	98
(1)	調　査	98
(2)	事件として受任する場合	99
8	相手方の資力について	100
(1)	相手方から現実に経済的利益を得るための調査の必要性	100
(2)	保険付き住宅などかどうかの確認	100
9	未払代金を払うべきか	100
10	追加変更工事に関する相談の留意点	101
(1)	追加変更工事の特殊性	101
(2)	相談にあたって準備してもらうこと	102
(3)	相談にあたっての具体的留意点	103

目 次

第2章　処理方針決定における留意点 ———————— 105

1　契約内容等の確認···105
- （1）　請負か売買か···105
- （2）　確認申請書（図面、構造計算書等の附属書類を含む。）等の取得··106
- （3）　引渡し時期···106
- （4）　瑕疵担保責任の期間·································106
- （5）　契約の相手方の確認·································108
- （6）　対象物件の確認·····································108

2　現地の確認···108

3　具体的処理方針決定にあたっての検討事項·············109
- （1）　相手方の検討·······································109
- （2）　瑕疵の程度と請求方法及び制度利用の検討···········109
- （3）　宅地建物取引業保証協会に対する苦情申立て·········110
- （4）　仮差押え···110
- （5）　保険等の確認·······································111

第3章　調停手続 ———————————————— 113

1　申立書の作成について···································113
- （1）　争点を明確にするために主張には軽重をつけること····113
- （2）　写真の活用···113
- （3）　書証提出の工夫·····································114

2　調停手続···114
- （1）　調停委員···114
- （2）　調停期日···114
- （3）　争点整理···114
- （4）　依頼者などの同席···································116

目　次

 (5)　17条決定について（民事調停法17条）……………………… *116*

3　付調停について（民事調停法20条）…………………… *116*

 (1)　当事者の合意の必要性 ………………………… *116*

 (2)　付調停となる時期 ……………………………… *117*

 (3)　調停に付するメリット ………………………… *117*

 (4)　民事調停法17条 ………………………………… *119*

4　大阪地裁第10民事部について……………………… *119*

5　瑕疵一覧表の作成方法………………………………… *120*

 (1)　瑕疵一覧表作成の一般的留意点 ……………… *120*

 (2)　追加変更工事一覧表 …………………………… *121*

6　和解時における留意事項……………………………… *121*

 (1)　調停条項（和解条項）案作成に際しての留意事項……… *121*

 (2)　依頼者への確認等 ……………………………… *122*

第4章　建物を巡る紛争の裁判外紛争解決手続（ADR）— *123*

1　ADRとは……………………………………………… *123*

 【COLUMN】法務大臣の認証 ………………………… *123*

2　建築紛争に関係するADR機関……………………… *124*

 (1)　住宅紛争審査会を利用する場合 ……………… *124*

 (2)　公益社団法人民間総合調停センターを利用する場合………… *125*

 (3)　国民生活センター紛争解決委員会を利用する場合 ………… *126*

 (4)　建設工事紛争審査会を利用する場合 ………… *126*

3　ADRの利用に適した事案例………………………… *127*

第5章　訴訟手続 ——————————————— *131*

1　事件の係属……………………………………………… *131*

2　専門部における審理のメリット…………………… *132*

3　建築士の関与…………………………………………… *132*

13

(1)　専門的知見の必要性⋯⋯⋯⋯⋯⋯⋯⋯⋯⋯⋯⋯⋯ *132*

　(2)　建築士の調査報告書について⋯⋯⋯⋯⋯⋯⋯⋯⋯ *133*

4　裁判所の鑑定⋯⋯⋯⋯⋯⋯⋯⋯⋯⋯⋯⋯⋯⋯⋯⋯⋯ *133*

5　訴訟提起にあたっての準備活動⋯⋯⋯⋯⋯⋯⋯⋯⋯ *134*

　(1)　瑕疵の特定⋯⋯⋯⋯⋯⋯⋯⋯⋯⋯⋯⋯⋯⋯⋯⋯⋯ *134*

　(2)　瑕疵一覧表作成にあたっての注意点⋯⋯⋯⋯⋯⋯ *135*

6　専門委員（民事訴訟法92条の2）⋯⋯⋯⋯⋯⋯⋯⋯ *136*

　(1)　専門委員の役割⋯⋯⋯⋯⋯⋯⋯⋯⋯⋯⋯⋯⋯⋯⋯ *136*

　(2)　当事者の合意は不要⋯⋯⋯⋯⋯⋯⋯⋯⋯⋯⋯⋯⋯ *136*

　(3)　専門委員の関与に関する注意点⋯⋯⋯⋯⋯⋯⋯⋯ *136*

7　鑑定人⋯⋯⋯⋯⋯⋯⋯⋯⋯⋯⋯⋯⋯⋯⋯⋯⋯⋯⋯⋯ *137*

8　裁判所の判断傾向⋯⋯⋯⋯⋯⋯⋯⋯⋯⋯⋯⋯⋯⋯⋯ *137*

　(1)　構造耐力上主要な部分について⋯⋯⋯⋯⋯⋯⋯⋯ *137*

　(2)　契約内容と現状が異なる場合⋯⋯⋯⋯⋯⋯⋯⋯⋯ *138*

9　尋問の注意点⋯⋯⋯⋯⋯⋯⋯⋯⋯⋯⋯⋯⋯⋯⋯⋯⋯ *138*

第6章　保険等 ——————————— *139*

1　「住宅の品質確保の促進等に関する法律」（品確法）⋯⋯⋯ *139*

2　「特定住宅瑕疵担保責任の履行の確保等に関する法律」（瑕疵担保責任履行法）⋯⋯⋯⋯⋯⋯⋯⋯⋯⋯⋯⋯⋯⋯⋯ *139*

　(1)　建設業者等が供託すべき保証金⋯⋯⋯⋯⋯⋯⋯⋯ *140*

　(2)　建設業者等が締結する保険契約⋯⋯⋯⋯⋯⋯⋯⋯ *140*

　(3)　損害をてん補するための保険金額⋯⋯⋯⋯⋯⋯⋯ *140*

　(4)　住宅瑕疵担保責任保険法人⋯⋯⋯⋯⋯⋯⋯⋯⋯⋯ *141*

3　その他の保険⋯⋯⋯⋯⋯⋯⋯⋯⋯⋯⋯⋯⋯⋯⋯⋯⋯ *141*

目 次

第4部　具体的問題類型

第1章　請負（新築）契約の場合─注文者の側からの責任追及─ ———— *143*

1　請求の法律構成 ··· *143*
- (1)　責任追及の相手の選択 ································· *144*
- (2)　請求の時期からの選択 ································· *146*
   - 【建築士の視点】建築実務上の「完成」をどう考えているか ······· *148*
   - 【建築士の視点】「完成」が争われる場面 ·············· *148*
- (3)　請求内容の選択 ····································· *150*

2　瑕疵担保責任 ··· *151*
- (1)　請負における「瑕疵」とは ························· *151*
   - 【COLUMN】主張の序列・優先順位 ··················· *154*
- (2)　瑕疵修補に代わる損害賠償請求 ····················· *154*
- (3)　解除の主張（民法635条） ·························· *156*

3　不法行為 ··· *156*
- (1)　瑕疵との関係で不法行為が問題となる場面 ··········· *156*
- (2)　不法行為に基づく損害賠償請求が認められる瑕疵とは ······· *157*
- (3)　不法行為責任の成否が問題となる具体的事例 ········· *159*

4　損害賠償として請求しうる補修費用以外の損害項目 ············ *160*
- (1)　仮住まい費用 ····································· *161*
- (2)　引越し費用 ······································· *161*
- (3)　一時保管費 ······································· *162*
- (4)　登記手続費用等 ··································· *162*
- (5)　休業損害・逸失利益 ······························· *162*
- (6)　拡大損害 ··· *163*

15

目 次

⑺　評価損（建物の経済的価値の減額分）……………………………… *163*

⑻　建築士等に要した費用…………………………………………………… *163*

⑼　慰謝料……………………………………………………………………… *164*

⑽　弁護士費用………………………………………………………………… *165*

5　請負人からの反論…………………………………………………………… *165*

⑴　損益相殺…………………………………………………………………… *165*

⑵　請負人からの相殺………………………………………………………… *166*

⑶　注文者の与えた指図等…………………………………………………… *167*

第2章　請負（新築）契約の場合 ── 請負人からの請求 ── ————————————— *169*

1　請負人が残代金請求する場合……………………………………………… *169*

⑴　仕事の完成義務と報酬支払義務との関係…………………………… *169*

⑵　工事が未完成に終わった理由に応じた残代金請求の可否……… *169*

⑶　既施工部分に関する報酬額の算定方法……………………………… *173*

【建築士の視点】既施工部分の報酬—材料を手配したら報酬が

発生するのか…………………………………………………………… *175*

⑷　注文者からの反論（同時履行・相殺・反訴）……………………… *176*

2　請負人が追加変更代金を請求する場合…………………………………… *179*

⑴　問題の所在・問題の背景……………………………………………… *179*

⑵　追加変更の種類…………………………………………………………… *181*

⑶　要件事実…………………………………………………………………… *181*

【建築士の視点】実費精算の問題……………………………………… *183*

第3章　リフォーム ————————————————— *185*

1　請負（新築）契約と比較したリフォームの特殊性…………………… *185*

⑴　概　説……………………………………………………………………… *185*

⑵　資料の不足に伴う契約内容の不明確性……………………………… *186*

（3） リフォーム後の不具合現象の責任範囲の不明確性 ……………… *186*

（4） 建築専門知識の欠如した施工 …………………………………… *186*

2 注文者・請負人各々からの請求 ……………………………… *187*

（1） 注文者からの請求 ………………………………………………… *187*

（2） 請負人側からの請求 ……………………………………………… *187*

3 契約・工事内容の特定方法 …………………………………… *187*

（1） リフォーム契約の内容の特定 …………………………………… *187*

（2） リフォーム工事内容の特定 ……………………………………… *188*

4 具体的主張類型 ………………………………………………… *188*

（1） 施工された商品が契約内容と異なると主張している場合 …… *188*

（2） 工事がずさんであると主張している場合 ……………………… *189*

（3） 主要構造部の破損 ………………………………………………… *189*

5 マンションの居室のリフォームの問題点 …………………… *190*

（1） 区分所有法の理解 ………………………………………………… *190*

（2） 既設部分との関係 ………………………………………………… *190*

6 リフォーム被害の増加の可能性 ……………………………… *190*

7 注文者へのアドバイス ………………………………………… *191*

第4章　売買契約の場合 ───────────── *193*

1 買主から売主に対する請求 …………………………………… *193*

（1） 瑕疵担保責任 ……………………………………………………… *193*

（2） 債務不履行 ………………………………………………………… *195*

（3） 損　害 ……………………………………………………………… *196*

2 買主から売主以外の者に対する請求 ………………………… *196*

（1） 仲介業者に対する請求 …………………………………………… *196*

（2） 名義貸しした建築士に対する請求 ……………………………… *197*

目 次

第5部　建築士の視点

建築士から見た建築（戸建て住宅）紛争に巻き込まれないための留意点――199

法的な事柄……199

どのような住宅を建てたいか……200

住宅建築の関与者と完成までの流れ……201

第6部　巻末資料

◆建築訴訟における書式例

① 瑕疵一覧表……211

② 瑕疵一覧表の記載例……212

③ 追加変更工事一覧表（本工事表記）……213

④ 追加変更工事一覧表（本工事表記）の記載例……214

⑤ 追加変更工事一覧表……215

⑥ 追加変更工事一覧表の記載例……216

◆行政に提出される申請書類及び交付される書類

⑦ 確認申請書……217

⑧ 確認済証……228

⑨ 中間検査申請書……229

⑩ 中間検査合格証……237

⑪ 完了検査申請書……238

⑫　完了検査済証 ……………………………………… *246*

◆確認申請書に添付される図面等

⑬　概要書 ………………………………………………… *247*

⑭　仕上表 ………………………………………………… *248*

⑮　仕様書 ………………………………………………… *249*

⑯　配置図 ………………………………………………… *250*

⑰　平面図 ………………………………………………… *251*

⑱　立面図 ………………………………………………… *252*

⑲　断面図 ………………………………………………… *253*

⑳　矩計標準図、準耐火リスト ……………………… *254*

㉑　耐力壁金物図 ……………………………………… *255*

㉒　基礎伏図 …………………………………………… *256*

㉓　土台伏図 …………………………………………… *257*

㉔　２階梁伏図、小屋伏図 …………………………… *258*

㉕　１階設備図 ………………………………………… *259*

㉖　２階設備図 ………………………………………… *260*

◆その他の図面、書類等

㉗　従来軸組構法、枠組壁工法の架構 ……………… *261*

㉘　建物引渡書（引渡証明書）……………………… *262*

㉙　建物受領書 ………………………………………… *263*

◆住宅関係全般に係る相談窓口について ───── *264*

事項索引 ──────────────────── *265*

第1部

建物（戸建て住宅）完成までの流れ

建築相談においては、①建物完成までの手続の流れ、②建築関係法令について知っておく必要があります。そこで、まず、戸建て住宅を前提に、住宅がどのような手続を経て完成するのかについての一般的な知識、参考となる関係法令等についてご紹介します。

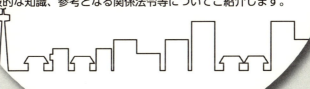

第1章 住宅ができるまで

 住宅が完成するまでの流れ

(1) 設　計

ア　設計者等の選定

　木造であれば100㎡、その他の構造物であれば30㎡を超える建物の設計は、原則的に、「建築士」でなければできません（建築士法3条）。建築士の資格として、一級建築士、二級建築士、木造建築士の区別があります。

> **POINT**　建築士の資格
>
> ■一級建築士
> 　国土交通大臣の免許を受け、一級建築士の名称を用いて設計・工事監理を行う者です（建築士法2条2項）。複雑・高度な技術を要する建築物を含むすべての施設の設計及び工事監理を行うことができます（同法3条）。
> 　一定規模以上の建築物の構造設計や設備設計を行うには、それぞれ特別の資格が必要となります（同法10条の2の2）。
>
> ●構造設計一級建築士
> 　一定規模以上の建築物（木造で高さ13m超または軒高9m超、鉄骨造で階数4以上、RC造またはSRC造で高さ20m超、その他政令で定める建築物）の構造設計については、構造設計一級建築士が自ら設計を行うか、構造設計一級建築士に構造関係規定への適合性の確認を

1

第1部　建物（戸建て住宅）完成までの流れ

受ける必要があります。

●設備設計一級建築士

一定規模以上の建築物（階数3以上かつ5000㎡超の建築物）の設備設計については、設備設計一級建築士が自ら設計を行うか、設備設計一級建築士に設備関係規定への適合性の確認を受ける必要があります。

■二級建築士

都道府県知事の免許を受け、二級建築士の名称を用いて、設計・工事監理等の業務を行う者です（建築士法2条3項）。

一定規模以下の木造の建築物、及び鉄筋コンクリート造などの主に日常生活に最低限必要な建築物の設計・工事監理に従事します。

■木造建築士

都道府県知事の免許を受け、木造建築士の名称を用いて、木造の建築物に関し、設計・工事監理等の業務を行う者です（建築士法2条4項）。

木造建築物で延べ面積が300㎡以内、かつ2階以下のものを設計・工事監理できます。

イ　設計委託契約の締結

「設計」とは、その者の責任において設計図書を作成することをいい、「設計図書」とは建築物の建築工事の実施のために必要な図面及び仕様書をいいます（建築士法2条6項）。

設計を委託する場合には、「設計委託契約書」を作成することになりますが、書式については、業界団体が用意している書式の他に独自様式を用いる設計者もいます。

前者については、公共建築物やビル等あらゆる種類の建物を対象としているため住宅にはなじみにくい部分もあるので、戸建て住宅については、独自の様式で契約することが多いようです。

契約締結に至るまでには、「計画」や「デザイン」という段階を経て設計者との間でディスカッションがなされるのが通常であり、これらの作業についても原則として費用が発生します。この段階で、

依頼をしないと判断したときでも費用精算は必要となります。

ウ　設計内容

基本設計と実施設計という段階を踏むことになります。

㈠　基本設計

基本設計段階で作成するのは、配置図・平面図・立面図・断面図（成果図書）等です（第6部巻末資料参照）。これらは、概略予算算定の資料となります。

㈡　実施設計

基本設計を前提とした構造や室内意匠・外観等の詳細設計です。

実施設計段階の成果図書は、仕様書・平面詳細図・矩計（かなばかり）詳細図・断面詳細図・展開図・構造図・設備図等です。

これらは工事費を詳細に算定する資料となります。

エ　設計図書の完成

単に図種が出揃っただけでは完成とはいえません。法令に適合し、予算及び注文者の要求を充足したものであって、はじめて「完成」といえます。建築確認をはじめとする行政手続を完了していることが必要です。

オ　建築確認申請・構造計算適合性判定（建築基準法6条、6条の2、6条の3）

最も基本的な行政手続は、建築確認申請です。

申請先は、原則として、建築地の自治体の建築主事ですが、近年は民間確認検査機関が扱うことが多くなっています。

最低限正副2通で申請し、手続が完了すると「確認済証」として1通が返却されます。申請図面が一式綴じ込まれており、後年増改築等を行う場合に必須の資料となります。

申請にあたっては、木造住宅の場合は基本設計図書で足りることが多いのですが、鉄骨造やRC（鉄筋コンクリート）造については、詳細な構造図や構造計算書が必要となりますので、実施設計を完了

しなければ申請はできません。

　なお、平成18年の改正により、建築主事などは確認申請書を受理した建築物が一定規模以上のものである場合は、構造計算適合性を判定機関に求めなければならないと定められました（建築基準法6条5項、6条の3）。

(2)　工事監理・中間検査・完了検査

ア　監　理

　建築士の責任において「工事を設計図書と照合し、それが設計図書のとおりに実施されているかいないかを確認すること」（建築士法2条8項）です。「管理」と区別するため、俗に「サラカン」と称されます。

イ　中間検査（建築基準法7条の3）・完了検査（建築基準法7条）

　いずれも建築確認手続の一部であり、建築確認手続の申請内容どおりに施工されているかどうかを確認機関（自治体の建築主事、民間確認機関）が検査するものです。中間検査については検査合格証、完了検査については検査済証が発行されます。

　「中間検査」は主に構造について行われるものです。時期については建物構造や自治体によって違い、複数回行われる場合もあります。

(3)　施　工

ア　工事請負契約の締結

　必ず書面で行います（建設業法19条）。通称「民間（旧四会）連合協定工事請負契約約款」と呼ばれる契約書式と約款を用いる場合が多く、これらに設計図書、工事代金内訳書を添付して「工事請負契約書」とします。「発注書」と「請書」という形で契約が締結される場合もあります。

第1章　住宅ができるまで

　契約書には、①工事内容、②請負代金、③工期、④請負代金の分割払いの支払時期等が明記されます。

　約款には、遅延損害金、解除に伴う措置等が記載されています。

　融資を受けて工事をする場合は、その手続と請負契約書の内容にそごがないかを確認する必要があります。

イ　施工管理

　工事請負契約に基づく施工を確保するために、工事を施工する現場においては、現場代理人が工事を監督します。規模の大きい現場では常駐していますが、1人の現場代理人が複数の現場を掛け持ちするケースもあります。

　施工する者が円滑な工事の遂行を目的として「工程管理」「品質管理」「安全管理」「予算管理」を行います。

COLUMN　監理と管理

　「監理」は設計した者の立場から行い、「管理」は施工する者（現場代理人など）の立場から行うものです。

　同じ「カンリ」でも内容は区別しておく必要があります。その意味で、「監理」は「サラカン」、「管理」は「タケカン（クダカン）」と呼称されています。

ウ　竣工・引渡し

　建築基準法上の完了検査の終了と建物の竣工とは区別しなければなりません。

　「完了検査の終了」は行政手続の終了であるのに対し、「竣工・引渡し」は工事請負契約に基づく建物を完成し、請負業者が注文者に引渡証明書を発行、注文者がこれを鍵と共に受領して完了します。

　引渡証明書（第6部巻末資料参照）は、請負業者が建物の引渡しに際して注文どおりに完成したことを知らせるために注文者に提出

する書類です。

　住宅ローンの決済を受けるために必要になる場合もあり、これを急ぐ余り、完成半ばで引渡証明書を受領するよう求められる場合がありますが、できれば応じない方がよいでしょう。やむをえず応じなければならないような場合は、残工事部分を明確にしたうえで、未完成であることを合意書等で明らかにしておくことが大切です。

 住宅建築の関係者など

　住宅建築には、建築士、施工者、管理者、監理者等のほか、様々な職種が関与しています。

　建築の瑕疵が問題となった場合、どのような人々が、どのような形でその建築に関与したかについて聞き取りをしておくことが、責任追及の相手方を特定するという意味で重要になります。

　ア　設計・監理者～建築士、建築士事務所あるいは設計事務所

　設計・監理を行う業者は、建築士、建築士事務所あるいは設計事務所などです。建築士は、建物の設計図面を作成し、また、工事業者による工事が図面どおりに施工されていることを確認する役割を担っています。工事代金とは別に、設計・監理者に、設計・監理費用を支払うこととなります。

　工事業者によっては、注文を受ける際、「設計・監理費用は不要です。」と述べ、自社において設計し、施工している場合が少なくありません。しかし、行政上は、設計者・監理者が必要とされていますので、表には出てこなくても設計者・監理者は存在します。

　関係書類として、①設計・監理委託契約書、②設計打ち合わせメモ、③設計図書とその一部となる仕様書、④変更確認図面などがあります。

イ　施工者

　設計図書に基づく工事を実際に行った業者です。誰にどのような責任追及ができるかに関わるため、会社の全部事項証明書や名刺等で、建設業許可の有無、代表者や担当した者の氏名などを確認しておくとよいでしょう。

　関係書類として、①請負契約書、②設計図書（仕様書を含む。）、③打ち合わせメモ、④製品パンフレット、⑤名刺などがあります。

ウ　下請け業者

　建築工事は、受注した1社のみで完成されているとは限りません。屋根工事、設備工事など、いろいろな専門分野があり、それぞれ専門の職人が携わっていることもあります。そのため下請け業者の連絡先等の調査が必要となることもあります。

　関係書類として、元請との契約書や発注書、納品書、工事進捗打ち合わせ記録などがあります。

エ　コンサルタント業者

　診療所付住宅等を建築をする場合、コンサルタント業者が関わっていることがあります。見えにくい関係者として、時にはコンサルタント業者の有無を確認する必要があります。

　関係書類として、①コンサルティング契約書、②業者パンフレットなどがあります。

オ　金融機関

　住宅を建てる場合や購入する際、ほとんどの場合、建築資金、購入資金の融資を受けます。金融機関は、貸付金の担保として、建物底地の土地と完成した建物に抵当権を設定します。担保価値を確保するために、金融機関によっては建物の仕様についても指定をする場合があります。例えば、住宅金融支援機構には、いわゆる「公庫仕様」といった独自の基準が存在しています。

　関係書類として、融資契約書があります。

第1部　建物（戸建て住宅）完成までの流れ

カ　確認検査機関（建築確認申請・中間検査・完了検査）

　建物の建築工事を行う際には、まず着工前に、当該建築計画が建築基準法等の法令に適合していることの確認を受ける必要があります（建築基準法6条1項、6条の2第1項）。これを建築確認申請といい、建築主事あるいは指定確認検査機関に提出します。

　建築主事とは、建築確認を行う地方公務員です。指定確認検査機関とは、建築確認等を行うため、国土交通大臣や都道府県知事から指定された民間機関です。株式会社のほか、一般財団法人、公益社団法人などの形態があります。

　この建築確認申請の際には、次の図面を添付することとされており、当該建築物に関する当初の設計としてどのようなものが計画されていたのか、情報として重要な意義を有することがあります。

　関係書類として、①建築確認申請書を構成する書類や図面（付近見取図、配置図、各階平面図、床面積求積図、立面図、断面図、地盤面算定表（通常の木造住宅の確認申請には不要です。）、基礎伏図（同上）、各階床伏図（同上）、小屋伏図（同上）、構造詳細図（同上）など。建築基準法施行規則1条の3参照）、②確認済証があります（第6部巻末資料参照）。

　完了検査は、建築物及びその敷地が建築基準関係規定に適合しているか否かを検査するもので（建築基準法7条4項）、図面どおりに建てられているかについての検査を行うものではありません。

　関係書類として、完了検査済証があります。なお、この完了検査済証がない場合、基本的には融資はなされません。

キ　住宅瑕疵担保責任保険法人

　新築住宅に関して10年の瑕疵担保責任を定める品確法と関連して、事業者につき、特定住宅瑕疵担保責任の履行確保等に関する法律に基づき設立された法人となります（同法17条）。

　国土交通大臣に指定される法人であり、平成28年9月現在、国土

第1章　住宅ができるまで

交通省のウェブサイトには次の5つの法人が紹介されています。もっとも、ほとんどの大手メーカーは保険を利用せずに、供託をしています。

・株式会社住宅あんしん保証
・住宅保証機構株式会社
・株式会社日本住宅保証検査機構
・株式会社ハウスジーメン
・ハウスプラス住宅保証株式会社

ク　住宅性能評価機関

　品確法に関連して、住宅性能評価機関が関わっていることがあります。国土交通大臣の登録を受けた機関となります。

　平成12年の品確法施行の際には、10年の瑕疵担保期間の定めのほか、①住宅の性能（構造耐力、省エネルギー性、遮音性等）に関する表示の適正化を図るための共通ルール（表示の方法、評価の方法の基準）を設け、消費者による住宅の性能の相互比較を可能にする、②住宅の性能に関する評価を客観的に行う第三者機関を整備し、評価結果の信頼性を確保する、③住宅性能評価書に表示された住宅の性能は、契約内容とされることを原則とすることにより、表示された性能を実現するといった点もその立法の柱とされました（一般社団法人住宅性能評価・表示協会ウェブサイトより。）。この第三者機関が、住宅性能評価機関となります。

COLUMN　住宅の種類と法律構成

　住宅の種類とその法律構成として、①戸建て住宅（請負契約）、②売建住宅（売買契約）、③売建住宅（請負契約）、④建売住宅（売買契約）がありますが、①と③の場合、注文者は工務店と設計・施工も含めて請負契約を締結するのが一般的です。設計者の他に監理者も必ず存在する

第1部　建物（戸建て住宅）完成までの流れ

ので確認しておく必要があります。

第2章 関係法令等

 請求根拠となる法令「民法」
── 現行法と改正の方向性 ──

　建築をめぐる紛争において、業者等に対して請求をしていく場合に適用を検討する民法上の規定と、予定されている改正の方向性を概観します。

(1) 売主の瑕疵担保責任

　現行民法では570条に規定されています（566条を準用）。
　なお、現行民法における売主の瑕疵担保責任については、債務不履行の一般原則に一元化する方向での改正が検討されています。
　個々の契約の解釈により、売主が負う履行義務の具体的内容を確定し、それに違反する事実があれば債務不履行の一般原則により、原則として損害賠償請求や解除などが認められ、後は売主の免責事由を判断すれば足りることとなる方向です。なお、後述するように、追完請求や代金減額請求も認められることになる方向の改正です。
　債務不履行一元論における瑕疵の概念は、概ね次のように考えることになります。
　すなわち、債務不履行一元論では、債務不履行の帰責根拠を契約の拘束力に求めることを前提として、契約当事者の合意内容の解釈によって「債務の内容」すなわち「瑕疵の内容」を確定することになります。そして、瑕疵が認められる場合は原則として債務不履行がある

11

第1部　建物（戸建て住宅）完成までの流れ

と判断することになります。そのため、「隠れた」という要件は不要と考えることになります。

　また請求権行使の期間制限についても、原則として一般債権の消滅時効期間による方向性となるようです。強制競売に関しては、一律に担保責任の適用を排除するのではなく、救済の対象を限定したうえで、買受人の救済手段を整備する方向となっています。

(2)　請負人の瑕疵担保責任

　現行民法では、634条・635条（請負人の担保責任）、636条（請負人の担保責任に関する規定の不適用）、637条・638条（請負人の担保責任の存続期間）に規定がおかれています。

　仕事の目的物が契約の内容に適合しない場合の請負人の責任については、改正要綱案では、原則として売買の瑕疵担保責任の規定を準用することとなっており、注文者の材料提供、指図によって生じた不適合についての規定だけが請負の節に残されることになりそうです。

(3)　瑕疵担保責任に関する民法改正が建築紛争処理にもたらす影響について

　上記概略のような民法改正の方向性の下においては、契約内容の確定と瑕疵の判断が密接に結びつくことになります。客観的な契約書面の記載のみでは契約内容が明らかにならない場合、契約の性質、当事者が当該契約をした目的、契約締結に至る経緯を始めとする契約をめぐる一切の事情に基づき、取引通念を考慮して評価判断されることになります。

　したがって、民法改正・施行後の運用実績の集積を待つことにはなりますが、建築紛争における「瑕疵」の主張・立証面において、これまでの運用実績である本書での説明内容と大きく変更される可能性は、差し当たってはないと考えられます。

(4) 不法行為

　以上の瑕疵担保責任に基づく請求は、民法の改正・施行後は債務不履行を根拠とする請求に一元化される方向ですが、その他の請求根拠としての不法行為責任（民法709条）に関しては、大幅な改正はなく、権利行使期間も変更はないようです。

建築に関する法制度

(1) 建築に関する法令等

　建築に関する法令等として、建築基準法、建築基準法施行令、建築基準法施行規則、告示、建築基準法施行条例などがあります。

　基本は建築基準法となりますが、具体的な規制については施行令や告示等に定められており、実際には、これらの法令等を確認して、設計や施工に問題があるのか否かを検討することが多いと思われます。細かな規制も多く、地域によっての違いもあるため、建築士などの専門家に確認した方が望ましい場合もあるでしょう。

ア　建築基準法、建築基準法施行令、建築基準法施行規則

　建築基準法は、建築物の敷地、構造、設備及び用途に関する最低の基準を定め、国民の生命、健康及び財産の保護を図り、もって公共の福祉の増進に資することを目的（建築基準法1条）として昭和25年に設立された法律です。

　建築基準法や同法施行令、同法施行規則は、その後の社会の変化や大きな震災等を経て数次にわたり改正されています。昭和53年の宮城県沖地震発生後の昭和56年6月には建築基準法施行令が改正され、新耐震基準（一次設計、二次設計の概念導入）が設けられました。また、平成7年の兵庫県南部地震を経て、平成12年7月に建築基準法及び同法施行令が改正され、性能規定の概念が導入され、従来の

第1部　建物（戸建て住宅）完成までの流れ

許容応力度等計算に限界耐力計算が加わりました。

建築基準法の第1章総則では、一般的な用語として建築物、建築設備、主要構造部、耐火構造等の定義がなされ、建築確認申請や中間検査、完了検査の手続などについて規定しています。

同法第2章以下では、敷地や採光、換気設備等の室内環境のほか、構造強度、防火、避難、都市計画区域に関する規定等が設けられており、建築物の敷地、用途地域の種類や大きさの制限（建ぺい率、容積率、高さ制限等）、建物の構造強度（構造方法の技術的基準、構造計算等）、採光、防火構造、避難階段等について守るべき最低の基準が設けられています。

建築基準法施行令は、建築基準法の規定を実現するため、建築物の構造に応じ、建築物の安全性を確保するために必要な具体的な方法等について規定しています。例えば、木造建築物については土台と基礎の緊結、柱の小径、筋かいの設置方法などについて規定しています。

建築基準法施行規則は、建築基準法及び建築基準施行令を実施するため必要とされる設計図書や確認申請書等の書式等について定めています。

イ　告示（国土交通省（旧建設省）告示）

告示には、公の機関が行政処分または重要な事項等の決定を広く一般に知ることのできる状態にする行為を意味する場合と、法令を補充する場合があります。

建築基準法令については、これを補充するための告示（例えば、地盤の許容応力度及び基礎ぐいの許容支持力を求めるための方法等を定めた国土交通省告示1113号等）があります。

また、住宅の品質確保の促進等に関する法律（後記3⑴参照）74条に規定された国土交通大臣が定める住宅紛争処理の参考となるべき技術的基準については、告示（旧建設省告示平成12年7月19日告示

第2章　関係法令等

1653号）により、不具合事象の発生と構造耐力上主要な部分に瑕疵が存する可能性との相関関係を定めています。この告示は、具体的な現象が瑕疵に該当するか否かを判断する際に、判断基準とすることが多いものです。例えば、床の傾斜に関し、木造住宅、鉄骨造住宅、鉄筋コンクリート造住宅または鉄骨鉄筋コンクリート造住宅において6／1000以上の勾配の傾斜がある場合には、構造耐力上主要な部分に瑕疵が存する可能性が高いとされています。

　必要に応じ改正や廃止がありますので、注意する必要があります。国土交通省のサイトには、告示・通達データベースがあり、告示・通達の検索ができます。

（http://wwwkt.mlit.go.jp/notice/dispAction.do）

ウ　条　例

　地方公共団体では、それぞれの地域の特性に応じ建築基準法40条に基づき条例で建築物の敷地、構造または建築設備に関して安全上、防火上、衛生上必要な制限を付加することができることとなっています。

　名称は都道府県によって多少異なる場合もありますが、大阪府の場合は、大阪府建築基準法施行条例です。

(2)　都市計画法

　都市計画の内容及びその決定手続、都市計画制限、都市計画事業その他都市計画に関し必要な事項を定める法律として、都市計画法があります。都道府県は都市計画区域を指定することができ、都市計画には第一種低層住居専用地域や特別用途地区といった地域、地区、街区を定めることができます（同法8条）。都市計画区域には、建築基準法第3章以下の規定（いわゆる集団規定）の適用があり、地域、地区、街区に応じて、建ぺい率、容積率、高さなどが規制されています。

　建築物に対する規制について検討する場合には、建物の所在場所の

15

第1部　建物（戸建て住宅）完成までの流れ

用途地域、地区についての確認が必要となることもあります。この地域地区については、都市計画情報として各地方公共団体のウェブサイト等で確認できる場合があります。また、各市町村の都市計画担当課の窓口（大阪市では都市計画局計画部都市計画課「都市計画案内コーナー」）に都市計画縦覧図（2500分の1の縦覧図）が備え付けられており、誰でも自由に閲覧することができます。

(3)　消防法

消防法は、火災を予防、警戒、鎮圧することによって、国民の生命、身体及び財産を火災から保護するとともに、火災または地震等の災害による被害を軽減し、もって安寧秩序を保持し、社会公共の福祉の増進に資することを目的としています（同法1条）。

そもそも、建築物について確認申請を行う場合、一定の場合を除いて、建築物の工事施工地または所有地を管轄する消防庁または消防署長の同意を得なければ、確認等を行うことができません（同法8条、建築基準法93条1項）。

また、消防法は消防設備等についても規定を置いています。例えば、火災の発生のおそれのある設備の位置、構造に関する規定（同法9条）や、住宅用防災機器の設置及び維持に関する規定（同法9条の2）、一定の建築物において使用される物品の防炎性能（同法8条の3）や備えなければならない消防設備に関する規定（同法17条）等です。詳細な規定については、政令や、政令で定める基準に従い市町村条例で定めることとされている部分もあります。

(4)　宅地造成等規制法

宅地造成等規制法は、宅地造成に伴う崖崩れや土砂の流出による災害を防止するための法律であり（同法1条）、宅地造成に関する工事等についても規制をしています。建物を建てる前の、土地の造成その

16

ものに対する規制です。

　山肌を削り、造成して住宅地を開発するような場合、都道府県知事等は宅地造成によって災害が生ずるおそれが大きい区域等を「宅地造成工事規制区域」として指定することができます（同法3条）。そして、当該区域内において行われる宅地造成に関する工事については、原則として都道府県知事の許可を要し（同法8条1項）、政令で定める技術的基準に従った災害防止のために必要な措置が講ぜられたものでなければならない（同法9条1項）など、その土地の開発行為に関する規制をしています。

⑸　道路法

　ア　道路法は、道路網の整備を図るため、道路に関して、路線の指定・認定、管理、構造、保全、費用の負担区分等につき定めた法律です（同法1条）。建築物に出入りするには、そのための道路が必要です。この道路に関する法令として、道路法があります。

　なお、道路法における「道路」は、一般交通の用に供する道で、高速自動車国道、一般国道、都道府県道、市町村道のことをいいます（同法2条1項、3条）。

　イ　他方、建築基準法上の「道路」は道路法上の「道路」より広い概念であり、住宅建築の場合に問題となるのは、建築基準法上の「道路」であることが多いと思われ、注意する必要があります。

　建築基準法は同法第3章において、「道路」を基準として敷地の接道義務（同法43条）等を定めています。建築基準法上の道路は、一定の例外を除き幅員4m以上のもので、道路法による道路（同法42条1項1号。道路法の規定に基づき道路としての路線の指定または認定を受けたもの）のほか、都市計画法等に基づいて築造された道路（同法42条1項2号）など、建築基準法42条1項各号に該当する道路をいいます。

17

また、幅員４ｍ未満の道であっても、建築基準法第３章の規定が適用される際に既に建築物が立ち並んでいる道で特定行政庁が指定したものは、道路とみなす旨の救済規定があります（同法42条２項。いわゆる「２項道路」）。

注文者保護のための法制度

(1) 住宅の品質確保の促進等に関する法律（品確法）

　品確法は、住宅の品質確保の促進、住宅購入者の利益保護を図るとともに、住宅に係る紛争の迅速かつ適正な解決を図ることを目的として、平成12年４月１日に施行されました。かかる目的を達成するため、品確法は①住宅の性能表示基準と評価制度を設け、②住宅に係る紛争処理の体制を整備し、③新築住宅の請負契約または売買契約における瑕疵担保責任について民法の特例を定めています（同法１条）。品確法の適用のある住宅は、品確法の施行後に締結された「新築住宅」（同法２条２項。新たに建設された住宅で、まだ人の居住の用に供したことのないもの。ただし、建設工事の完了の日から起算して１年を経過したものを除く。）の取得契約による住宅です。

　住宅性能評価を受けるかどうかは任意ですが、登録住宅性能評価機関が住宅性能評価を行った場合には住宅性能評価書を交付します。評価書が契約書に添付され、または注文者や売主に交付された場合は、その記載内容は契約内容として保証されます（同法６条１項～３項）。また、設計住宅性能評価書のみならず建設住宅性能評価書の交付も受けた新築住宅に関する一定の紛争については、簡易かつ早期の紛争解決を目的とした指定住宅紛争処理機関（弁護士会に設置の住宅紛争審査会等）によるあっせん、調停及び仲裁の手続の利用が可能です（同法67条）。

第2章　関係法令等

　加えて、新築住宅の取得契約（請負・売買）については、「住宅の構造耐力上主要な部分等」に関する瑕疵担保責任の期間が引渡しから10年とされています（同法94条1項、95条1項）。そして、新築住宅の売買の場合、瑕疵担保責任として修補請求も可能です（同法95条3項）。詳しくは、107頁以下も参照してください。

(2)　特定住宅瑕疵担保責任の履行の確保等に関する法律（瑕疵担保責任履行法）

　瑕疵担保責任履行法は、新築住宅の売主等に、品確法上の10年間の瑕疵担保責任履行のための資力確保を義務づけた法律であり、平成19年に成立しました。住宅瑕疵担保責任保険法人の指定や特別紛争処理体制の整備については平成20年4月1日に、新築住宅の売主等に対しての瑕疵担保責任を履行するための資力確保の義務づけについては平成21年10月1日に施行されています。

　これにより、建設業法上の許可を得ている建設業者と、新築住宅を販売する宅地建物取引業者は、瑕疵担保保証金を供託するか（瑕疵担保責任履行法3条1項、11条1項）、保険契約を締結すること（同法3条2項、11条2項、17条）が義務づけられました。詳しくは、139頁以下を参照してください。

　瑕疵担保責任の追及を検討するにあたっては、住宅が住宅瑕疵担保責任保険に加入しているかをまず確認する必要があります。新築住宅を購入する場合等に保険加入の説明を受けていないか、保険証の引渡しを受けていないか、契約書に記載がないかなどを確認します。

　住宅瑕疵担保責任保険契約に係る新築住宅の請負契約または売買契約に関する紛争については、品確法上の指定住宅紛争処理機関（弁護士会に設置の住宅紛争審査会等）の利用が可能です（品確法33条1項）。

19

第1部　建物（戸建て住宅）完成までの流れ

⑶　特定商取引に関する法律（特商法）

　リフォーム工事では、業者の自宅訪問によるセールスがきっかけとなっているケースが多く見られます。いわゆる訪問販売や、電話による勧誘販売など、特定の商取引の類型について規制をしているのが、特商法です。

　例えば、一定期間内における無条件の申し込みの撤回や契約の解除（いわゆるクーリング・オフ）の規定があります（同法9条1項）。

　また、特商法ではありませんが、宅地建物取引業者が自ら売主となる宅地または建物の売買契約についても、店舗外での取引についてはクーリング・オフが可能です（宅地建物取引業法37条の2）。

⑷　消費者契約法

　特商法は、一定の取引類型に関する規制を定めていますが、事業者と消費者との間の全ての消費者契約（労働契約を除く）に適用があるのが消費者契約法です。消費者と事業者との間の情報の質及び量並びに交渉力の格差（同法1条）を是正して消費者の保護を図ることを目的としています。

　事業者の損害賠償責任を免除する条項を無効としたり（同法8条1項）、消費者の利益を一方的に害する条項を無効とするなど（同法10条）、様々な規定をおいています。

⑸　宅地建物取引業法（宅建業法）

　宅建業法は、一般消費者が宅地建物取引業者あるいはその者の仲介等により不動産を購入する場合、業者を規制する法律です。

　通常、一般の買主が、仲介業者に仲介の依頼をせずに直接売主から物件を購入することはほとんどありません。そこで、仲介業者を利用することによって、代金の高額な不動産取引に関して適正な情報確認、開示等が図られ、一般消費者である購入者保護が図られる仕組みと

なっています。

　宅地建物取引業者には、取引に際しての重要事項説明義務（同法35条）が課されています。

　また、宅地建物取引業者の責任、資力を担保する仕組みとして、宅地建物取引業者は事業を行うにあたり、営業保証金の供託をすることが義務づけられています（同法第4章）。営業保証金の供託に代えて、宅地建物取引業保証協会に加入して、弁済業務保証分担金（同法64条の9第1項）を納付し、保証協会が弁済業務保証金を供託することもあります。

　宅地建物取引業者に対して責任追及をする場合、取引をした者はその取引により生じた債権に関し、営業保証金について債権の弁済を受けることができます（同法27条1項）。また、宅地建物取引業者が保証協会に加入して社員となった場合は、その社員が社員でないとしたならば供託しなければならない営業保証金の額に相当する額の範囲内で、保証協会が供託した弁済業務保証金について弁済を受けることができます（同法64条の8第1項）。

建築関与者に関する規制等

　建物建築には専門家が関わります。そして、専門家の各役割に応じて規制する法律等も整備されています。

(1) 建築士法

　建築士法は、建築物の設計、工事監理等を行う技術者の資格を定めて、その業務の適正を図り、もって建築物の質の向上に寄与させることを目的とする法律です（同法1条）。

　例えば、建築士の免許制（同法4条）や、一級建築士、二級建築士、

第1部　建物（戸建て住宅）完成までの流れ

木造建築士でなければ設計または工事監理を行ってはならない建築物の規模や種類（同法3条〜3条の3）、一級建築士、二級建築士、木造建築士が報酬を得て業として設計、工事監理等を行うには、事務所を定めて登録を要すること（同法23条1項）等について規定しています。なお、一定規模以上の建築物については、構造設計一級建築士・設備設計一級建築士が設計を行うか、構造設計一級建築士・設備設計一級建築士に構造関係規定・設備関係規定に適合するかどうかの確認を求める必要があります（同法20条の2、20条の3第1項・2項）。構造設計一級建築士証及び設備設計一級建築士証を申請するには、原則として一級建築士として5年以上構造設計及び設備設計の業務に従事した後、国土交通大臣の登録を受けた登録講習機関が行う講習の課程を修了することが必要です（同法10条の2の2第1項・2項）。

このほか、非建築士等に対する名義貸しの禁止（同法21条の2）や、建築士事務所の開設者が設計受託契約または工事監理受託契約を締結する際の重要事項説明義務（同法24条の7）・書面交付義務（同法24条の8）等を定め、違反した場合の罰則も設けられています。

(2)　建設業法

建設業法は、建設業を営む者の資質の向上、建設工事の請負契約の適正化等を図ることにより、建設工事の適正な施工を確保し、発注者を保護するとともに、建設業の健全な発達を促進するための法律です（同法1条）。

建設業とは、元請、下請けその他いかなる名義をもってするかを問わず建設工事の完成を請け負う営業をいいます。建設業を営もうとする者は、建設業法施行令で定める軽微な建設工事のみを請け負う場合を除き、その区分に応じて国土交通大臣あるいは都道府県知事の許可を受けなければなりません（同法3条）。ここにいう軽微な建設工事とは、工事1件の請負代金の額が建築一式工事にあっては1500万円に

満たない工事または延べ面積が150㎡に満たない木造住宅工事、建築一式工事以外の建設工事にあっては500万円に満たない工事とされています（建設業法施行令1条の2第1項）。

　また、請負工事の適正化を図るため、建設工事請負契約を締結しまたはこれを変更する場合には書面によらなければならないことや記載しなければならない事項（建設業法19条1項・2項）、契約締結に際して見積りを行うよう努めなければならないこと（同法20条）も規定されています。

　国土交通省のウェブサイトには、「建設業者・宅建業者等企業情報検索システム」があり、許可の有無や行政処分歴等を確認することができます。

（http://etsuran.mlit.go.jp/TAKKEN/）

第2部

事例Q&A

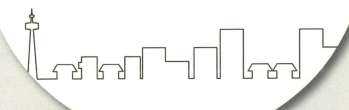

第1章
新築一戸建てを購入したが、雨漏りがするケース

【事案】

　Aさんは、平成25年5月、親戚から紹介された地元の業者、株式会社Ｘ建設が建築、販売していた、築後1年4か月の木造2階建ての建売住宅を3,500万円で購入しました。

　Aさんは、一家4人で入居して約半年後、2階の和室の天井にシミができていることに気がつきました。Ｘ建設に連絡したところ、新築建物にはよくあることで、木造なので木が水を吸い込み、ある程度は漏れてくる自然現象だと言われたため、しばらく様子をみていました。

　しかし、平成26年6月、大雨の日に天井のシミのあたりからぽたぽたと水滴がしたたり始めました。その後は、大雨が降るたびに天井から雨漏りがするようになりました。

　Aさんは、Ｘ建設の担当者を自宅に呼び、雨漏りの箇所を見せて、工事が悪かったからだとして修理をするようにと要求しましたが、担当者は、異常気象に原因があり、想定外であって責任の範囲ではないと帰ってしまいました。その後、Aさんが連絡をしても、対応しなくなりました。

　Aさんは知人に相談したところ、弁護士に相談した方がいいと言われ、Ｂ弁護士を紹介してもらい、相談をすることにしました。

1 事情聴取

Aさん: とにかく、2階の天井からの雨漏りがひどくなっています。30年の住宅ローンを組んで買ったのに。腹立たしい思いでいっぱいで、今はもう、何をどこから説明したらよいのかわかりません。

(1) 相談を受ける際の心構え

　相談に来られる方は、当然、紛争が起きることを想定して物事を時間軸に沿って記憶、記録しているわけではありません。弁護士からの質問に対しても、思いが先行して聞いたことに答えられず、起こった出来事の中で印象的な事柄だけを何度も話してしまうこともまれではありません。

　当事者が大事だと思うことと弁護士にとって重要な事実との間に差があるのはどの事件でも同じですが、辛抱強く、角度を変えて聞き取りをしましょう。

　まずは、弁護士が的確に事実関係を確認し、問題の軽重を見極める必要があります。

(2) 具体的事実の確認

　「雨漏り」と相談者が表現していても、原因を追究していくと、実は「雨漏り」ではなく、「結露」だったということもあります。結露の場合であっても、雨漏りによるシミのように、天井や内壁にシミが生じることがあります。

　建築紛争に限りませんが、生の事実（天井や内壁に雨漏りと思われるシミが生じている）と評価（雨漏りなのか、結露なのか等）を区別する

第1章　新築一戸建てを購入したが、雨漏りがするケース

ことを意識することが重要です。

　ちなみに、結露の場合、その原因は室内と室外の温度差にあることから、しかるべき断熱材の未施工、施工不良等の原因が考えられ、現象の原因が雨漏りの場合とは全く異なってきます。

ア　雨漏りを発見した当初からの経過

　初めて雨漏りを発見したのはいつ頃か、また、どのようなきっかけでその雨漏りに気がついたのかは、現象面から原因を探るうえで重要です。

　当時の雨漏りの様子の写真があるとよいでしょう。

イ　雨漏りがする箇所

　雨漏りがする箇所は、室内から見える場所なのか、建物全体における位置はどの辺りかという点を確認してください。箇所としては、屋根、外壁、サッシの開口部等が通常考えられます。雨漏りの原因確認のために現地調査をする際、どのような調査手法をとるかという点に関わってきます。

ウ　雨漏りの現象の詳細

　雨漏りといっても、どのようなときに、どのように雨漏りがし、そのシミの広がり等はどのようなものかの確認が必要です。例えば、いわゆる大雨のようなときだけ雫が落ちてくるのか、あるいは、ちょっとした雨のときでもすぐに水滴が生じるのかなどです。

エ　具体的な被害

　雨漏りによってどのような損害が生じたのか、例えば、家具、畳が傷んだため取り替えた費用、被害が出ている箇所の補修費用等が損害です（どのような損害が請求できるかは、160頁以下を参照してください。）。

　また、どこまでが雨漏りによるものなのか、被害状況を確認する必要があります。

27

第2部　事例Q&A

COLUMN　　**事情聴取のコツ**

　年月日の確認の際には、関連する書類の有無を確認して、日付等については なるべく書類で確認しましょう。相談者は、具体的な年月までは 覚えていないことがほとんどです。

　可能であれば、「わかる範囲で結構ですから」と伝えて、相談に来られる前に、相談者自身で、これまでの経緯を時系列でメモ書きして、そのメモを持参するように伝えるとよいでしょう。

---

(3)　業者との交渉等の有無

　「新築一戸建て住宅を購入したが数年で雨漏りがしている。」といった相談の場合、相談者は弁護士に相談をする前に、まずは自身で売主と交渉し、売主が何らかの対応をしていることがあります。このような場合、売主が雨漏りの原因をどのように捉えているかを知る一助となる場合もあります。ただし、交渉の経緯は、後日「言った」「言わない」という争いになりがちです。「図面に書き込んだメモなどでも構いません。」と伝えて、当時の客観的なメモなども持参いただくとよいでしょう。

　また、交渉の過程において、業者から補修方法などを提案されていることがあります。どのような提案かわかるようなら、この提案内容を専門家に見てもらって検討するのに有益です。

(4)　専門家による確認の有無

　既に、相談者が知り合いの建築士に現地を見てもらっているということもままあります。そのような場合には、その建築士の見解を知っておくことも無駄にはなりません。

第1章　新築一戸建てを購入したが、雨漏りがするケース

❷ 確認すべき書類

相談の際には、関連している書類は全部持ってきてくださいと言われていたのですが、具体的には何が関連する書類なのかわかりませんでした。売買契約書だけだと思うのですが、もっと具体的に指示してください。

B弁護士

新築一戸建ての購入の場合でも、その売主が建築確認申請をし、確認済証を得ています。確認申請書添付の図面は建物の現状を知るのに役立つ書類です。売主からもらっていると思いますが。

確認申請書や確認済証なんて業者からもらっていません。どうしたらいいのですか。

(1) 新築一戸建ての売買に関連する書類

新築一戸建て建物の売買の場合、一般的に存在するのは以下のような書類です。

①売出時のチラシ等
②売買契約書
③重要事項説明書
④新築住宅保険証書

29

第2部　事例Q&A

⑤建築確認申請書、確認済証

⑥中間検査合格証

⑦完了検査済証

雨漏りの原因を確認するためには、建築確認申請書を入手したいところです。

(2)　書類の入手方法

建築確認申請は施主が行い、確認済証は施主に交付されます。建売住宅を購入した場合、通常分譲業者が施主であり、確認申請書と確認済証は業者が受け取っているはずです。分譲業者が買主に渡していないこともありますので、買主として、相談者から直接売主である業者に問い合わせをして受領してもらうとよいでしょう。

売主である業者が確認済証のみを渡して確認申請書を渡さない場合は、確認済証に記載のある確認検査機関から入手できる場合もあります。

また、当該建物が存在する地方公共団体において、建築計画概要書を閲覧し、写しの交付を受けることができますが、この書面から建物の詳細はわかりません。

なお、確認申請書及び確認済証の保存期間は、平成19年の改正により5年から15年とされました（建築基準法施行規則6条の3第2項・5項）。また、建築計画概要書については、建築物が滅失等するまでは保存義務があります（同規則6条の3第4項）。

30

第1章　新築一戸建てを購入したが、雨漏りがするケース

建築図面等の保存年限

■確認申請書・中間検査申請書・完了検査申請書・定期検査報告書・構造計算書

⇒15年（建築基準法施行規則6条の3第2項・5項）

■建築物の台帳（建築計画概要書・定期調査報告概要書・処分概要書等）

⇒当該建築物が滅失し、または除却されるまで保存（永久保存）（建築基準法施行規則6条の3第4項）

■設計図書等の保存期間

⇒15年（建築士法24条の4第1項・2項、同法施行規則21条4項・5項）

■営業に関する図書（完成図（竣工図）、発注者との打ち合わせ記録、施工体系図等）

⇒引渡し日から10年（建設業法施行規則28条2項）

なお、建築後10年以上経過している建物については立証のために必要な資料が保存されていない可能性があります。

3　相談者の希望の確認と法律構成

問題は、天井の雨漏りです。雨漏りが止まって、汚れた天井が張り替えられればそれでいいです。でも、この精神的苦痛についても、損害賠償を請求したいです。

第2部　事例Q&A

(1) 雨漏りの補修、天井の張り替えを求めることができるか ―品確法に基づく修補請求の可否―

　民法上、売買契約に基づく瑕疵担保責任において、瑕疵の修補請求は認められていません。

　もっとも、品確法の適用がある場合は、売買契約の場合であっても、「住宅の構造耐力上主要な部分等」の瑕疵について修補請求が可能です（品確法95条1項・3項）。ただし、品確法を適用するためには、「新築住宅」である必要があります。

　品確法上の「新築住宅」とは、新たに建設された住宅で、まだ人の居住の用に供したことのないものをいいますが、建築工事の完了の日から起算して1年を経過したものは除きます（品確法2条2項）。相談者が「新築」と表現していても、不動産登記によって建築年月日を確認し、品確法上の「新築住宅」に該当するのかを確認する必要があります。

　本件では、築後1年4か月を経過していますので、「新築住宅」には当たらず、品確法上の修補請求は認められません。

　したがって、本件では瑕疵担保責任に基づく損害賠償請求か、不法行為に基づく損害賠償請求を検討することになり、相手方に雨漏りの補修や天井の張り替えを求めることはできません。

(2) 慰謝料請求の可否

　住居に関する相談は、相談者の生活の場に関わることであるため、精神的にもダメージを受けている方は少なくはありません。相談者は、雨漏りといった異常事態と、業者に対する不信感で頭の中はいっぱいです。

　しかし、法律に照らし、最終的な獲得目標を設定しなければなりません。そのためにも、要件事実を念頭に、証拠から事実を立証できるかどうかを確認する必要があります。

第1章　新築一戸建てを購入したが、雨漏りがするケース

この点、建物の瑕疵の場合、法解釈の現状に照らし合わせると、精神的損害に対する賠償請求が認められることは多くはないと言わざるをえません。補修がなされれば財産上の損害は填補され、それで足りるといった見方が根底にあります。ただし、構造上の欠陥など、その瑕疵の程度が重大である場合や、健康上身体的に明らかに被害が生じているような場合は、精神的損害に対する賠償請求が認められることもあります。

慰謝料請求が認められるような特殊な事情がある場合には、確認する必要があります。

先生、話を聞いていただきありがとうございました。これはもう明らかな欠陥住宅であって、他の弁護士に相談したときには建て替え相当だといわれました。本当は建て替えも検討したいところです。

実務上は厳密に区別されていない部分もありますが、民法上の売買契約に基づく瑕疵担保責任を追及する場合、法的性質の理解によってどの範囲の損害が認められるか（信頼利益に限られるか、あるいは信頼利益に限定することなく建て替え費用相当額の請求まで認められるのか）という議論もありうるところです（160頁以下参照）。

相談者に、すべての言い分が通ると誤解されることのないよう注意する必要があります。

相談者が希望する解決方法に関して、困難が予想されるものはその旨の見通しを伝えて、必要以上の期待を膨らませないようにすることも大事です。

欠陥住宅事案においては、相談者が当該住宅の建て替えを望むこともあります。特に新築住宅の場合は所有者の思い入れが深いことも多

33

いと思われますが、実際に訴訟において建て替えが認められるケースはそう多くありません。建て替え請求、あるいは建て替え費用相当額の損害が認められたのは、例えば、鉄骨造スレート葺き3階建住宅において、柱とはりの接合部に溶接未施工の箇所や、突合せ溶接（完全溶込み溶接）をすべきであるのに隅肉溶接ないし部分溶込み溶接になっている箇所があるほか、さらに基礎構造部分にも構造耐力上の安全性にかかわる重大な瑕疵があるといった場合です（最判平成22年6月17日民集64巻4号1197頁）。そもそも、建物は工業製品ではないのですから、完璧な建物はないということを相談者に伝えておく必要があります。

また、民法の価値観としても、建物は私人の財産ではあってもやはり社会的に存在する建物ですから、裁判所においてもそう簡単に取り壊しを認めるものではないのが実際です。

具体的な請求内容は、瑕疵の原因や補修方法を検討したうえで決することになりますが、相談者とのボタンの掛け違いがないように気をつける必要があります。

4 責任追及するための費用──弁護士費用、専門家調査の必要性とその費用──

補修費用を請求したいと思います。先生に依頼をしたいのですが、費用はおいくらくらいでしょうか。

(1) 弁護士費用

ア 相談段階

建築関連の事案については、事実関係の聞き取り、原因調査等ができないと見通しは立てられません。弁護士として、何の依頼を受

第1章　新築一戸建てを購入したが、雨漏りがするケース

けるのか、その費用はいくらと見積もり説明するのか、また解決に
要する期間はどれくらいかといった点は事実関係によるものだから
です。

おおよその事実の把握もできていないままにうかつな説明をし、
依頼を受けてしまうと、その後、事情が異なってきた場合に依頼者
からの余計な不信を招き、コミュニケーションにも支障をきたしか
ねません。最悪、やむをえず途中辞任ということにもなりかねませ
ん。

事件受任の前、相談段階の場合は、まずは都度の時間制等にして
おくことも検討すべきでしょう。

また、瑕疵の原因調査等のために、一級建築士や調査専門会社に
よる原因調査が必要となる場合もあります。こうした費用は別途要
することを説明したうえで、どの時点で事件として受任をするかは、
ケースバイケースとなります。

イ　受任段階

基準となる報酬規程があるかと思いますので、規程に従い、事件
受任における弁護士の費用を説明することになります。もっとも、
瑕疵の原因が特定できず、損害の全貌がわからない段階での受任と
なれば、報酬規程へのあてはめ自体が難しい場合もあります。

また、ここで気をつけなければならないのは、建築紛争は比較的
手間を要し、解決までに長期間を要することもあるということです。
なぜなら、図面や資料が多く確認や検討に時間を要すること、争点
も多岐にわたることが多いこと、弁護士だけの関与では解決に至り
にくく、適宜建築士等の援助が必要であるため、日程調整や調査等
に時間を要しがちであることによります。

そのため、比較的低額で受任してしまうと、途中、予想外に手間
と時間を要し、追加での請求を要する事態ともなります。そこで、
事情によっては弁護士費用を追加で請求することもある旨を説明し、

35

第2部　事例 Q&A

委任契約書にも明記する必要があるでしょう。

(2)　専門家調査の必要性とその費用

　雨漏りなどの現象については、原因の特定が不可欠です。そこで、建築紛争においては、通常、現象の原因に対する専門家の調査が不可欠となります。

　この原因調査のための専門家による現地調査等の費用ですが、統一規定があるものではありません。

　NPO建築問題研究会（特定非営利活動法人建築問題研究会）の場合、一級建築士2名による半日ほどの目視調査は税別6万円からとなっています。何をどう調査するかによっても費用は異なります。

　例えば、本事例のような雨漏りの場合は、一級建築士による調査だけでは原因特定が困難なことがあります。屋根に色水をまき、どこから水が浸入しているのかを確認する調査や、赤外線を用いた調査などが必要なこともあり、そのような場合は専門の業者に依頼する費用も生じてきます。

　また、調停や訴訟を受任した場合には、調査結果について口頭で専門家の意見を聞くだけでは不十分です。調査報告書として、後日、相手方や裁判官に当該専門家の意見を示せる形にしておく必要があります。

　報告書作成の費用は、調査内容、その結果の説明に要する時間等が様々ですので一概には言えません。専門家に見積書を出してもらうなどして相談者の納得を得るべきでしょう。また、専門家への依頼は、弁護士が依頼者となるよりは、相談者自身が専門家への調査、書面作成の依頼者となるようにしておくほうがよいでしょう。

　信頼できる専門家を見つけ出すことができるかどうかも、建築問題の相談を受ける際に重要なこととなります。この専門家探しは相談者・依頼者任せにはできないところです。

第1章　新築一戸建てを購入したが、雨漏りがするケース

5　現地調査の重要性
―― 弁護士と建築専門家との協働 ――

> 先生、費用の点はわかりました。それでは、雨漏りの調査をして早く雨漏りの補修費用を払うよう、相手に言ってください。調査は、近所の工務店の社長が、とても心配してくれていて親切なので、工務店の社長にも見てもらってください。お礼も安くすむのでそうしたいです。

(1) 弁護士による現地確認

　雨漏りの場合は原因の特定が必要であり、まずは弁護士自身も現地の状況を確認する必要があります。

　しかし、建築の専門的な知識のない弁護士では、雨漏りの現場を見ただけで原因を特定することはできません。一級建築士であっても、目視では原因の特定が困難なこともあります。

　弁護士は、原因が客観的に特定された後、なぜこのような原因が生じたのか、その責任はどこにあるのかを建築士と協議しながら、誰にどのような請求をするのかについて法律構成を検討しなければなりません。

　原因特定のために現地に行くわけですから、まずは建築士と共に現地調査をする段取りをつける必要があります。①どのような調査手法を用いるのか、②要する時間は、③道具は何を準備するのか、④撮影等の証拠化をどのようにするのなどについて、打ち合わせが必要です。

(2) 専門家の選び方

　雨漏りの原因特定のために弁護士が専門家の力を借りる場合、弁護

37

士自身の知り合いに信頼できる建築士がいないということも多いかと思います。

弁護士によっては、工務店の社長も建築士も、建物建築に関わる人ということで知識と技術は変わらないと思っているかもしれません。しかし、こと建築紛争に関しては、設計がどのようにされているのか、材質や工法等の幅広い知識と経験が不可欠であって、単なる経験則だけで語ることはできません。

また、一級建築士といっても、構造が専門か、木造住宅が専門かといったように、それぞれの専門分野があります。

現地調査に協力してくれる一級建築士を探す場合、その専門分野の確認をするようにしてください。

建築士を探す窓口については、第6部巻末資料を参照してください。

一級建築士等との現地調査に際して

まずはいずれにしても、自宅を見てもらって、雨漏りの原因は何かを調査、確認するということですね。何か準備しておくべきことはありますか。

準備としては、図面、写真等での事前打ち合わせが重要です。目的もなく、何の準備もなく現地へ行くだけでは充実した調査とはなりません。

調停・訴訟となれば、弁護士が代理人として、建物の現状、瑕疵、その原因等について、調停委員あるいは裁判官に説明していく必要があります。代理人に基礎的な建築知識が不十分な場合でも、一級建築士と連携し、適宜、アドバイスを受けて知識を得ていくことは欠かせ

ません。

　最初の調査の前には、写真や図面（設計図面等）が必要であり、当該図面を元にして、建築士と共に相談者から、現象についての聞き取りをします。

　そのうえで、建築士に対し、雨漏りという「現象」について考えられる原因、すなわち「瑕疵」について、いくつかの可能性を確認しておきます。その仮説を検証するために、現地においてどこをみて、何を確認すべきなのか、現地調査にあたっての調査計画を立てることが有意義です。

　また、雨漏りは室内から見える現象ですが、その原因は室内からは見えず、天井裏等を確認しないとわかりません。天井裏等に入れる点検口の有無とその位置は事前に確認しておく必要があります。もし点検口がないという場合には、費用を要しますが、建築士の助言を得て適切な位置に点検口を造ることも検討する必要があります。必要な点検口が１つとは限らない場合もあります。

　なお、調査の様子を写真やビデオで撮影しておくことも大切です。撮った写真やビデオ映像については、それがどのような角度から何を写したものかを後に第三者に説明できるように、なるべく早目に「撮影位置図」として証拠化しておくとよいでしょう。

第2部　事例 Q&A

7 現地調査を終えて

　一級建築士に、雨漏りがする屋根裏や屋根そのものも確認してもらいました。その結果、雨漏りの原因はおそらく、用いられているスレート瓦の葺き方が不適切な点に原因があるのではないかということです。
　雨漏りの原因もおかげさまで特定されました。相手は地元ではそれなりの大手なので、すぐに倒産して逃げるということもなさそうです。これから、どのようにして紛争解決を進めていくのでしょうか。

(1) 証拠化

　雨漏りの原因は様々です。現地調査を踏まえた結果を一級建築士と協議し、最終的には裁判官を納得させるだけの根拠となる技術面に関する文献や判例を検討することになります。

　また、調査が終わった段階で建築士に調査報告書の作成を依頼する場合もあります。作成にあたっては、弁護士からの依頼事項を明確に設定することが大切です。

　なお、現地調査を終えて明確になった点もあれば、そうでない部分もあります。この点を意識して区別しておくことにより課題が明確になります。

　補修費用を相手方に請求していく場合、適切な補修方法や、補修に要する工事費用の見積書も作成してもらうと、その後の交渉や具体的な請求内容の特定に有用な資料となります。

第1章　新築一戸建てを購入したが、雨漏りがするケース

(2) 相手方への接触方法─書面での請求─

　調査により把握できた建物の現状と、補修費用を求める依頼者の希望を踏まえて、いよいよ相手方とのコンタクトを図ることになります。このとき、調停申立て、提訴などの手続を選択するとしても、いきなりこれらの手続をとることはなく、まずは内容証明などの書面で請求をし、相手方の対応、言い分を確認することが多いと思われます。

　この書面を作成する場合、時効中断の関係等やむをえない場合もありますが、あまりにも抽象的な記載にならないように注意してください。原因となる瑕疵、どのような点が問題なのかという点については、請求する側がある程度特定する必要があるからです。

　本件のように、現地調査によって、雨漏りの原因がスレート瓦の葺き方が不適切であったことにあると特定できる場合、その事実と補修代金を明記した書面を送付することになるでしょう。

8　原因を特定できない場合 ──調停、ADRによる解決──

雨漏りがあるのは確かなのに、原因を特定できなかった場合、業者には何も言えず、泣き寝入りするしかないのでしょうか。

　雨漏りといった顕著な現象は現れているが、その原因については、専門家に調査をしてもらっても、どうしても特定できない場合がないわけではありません。

　このような場合は、訴訟を提起しても、請求が認容される可能性は低いと言わざるをえません。では、依頼者には、責任追及はあきらめて、すべて自己負担で修理するしかないと言わざるをえないのでしょ

41

うか。

　依頼者には、原因の特定ができない場合、裁判において瑕疵の存在の立証が困難であり、全面的には請求が認められない可能性もあることを説明したうえで、紛争解決に向けた方法を模索することになります。相手方が交渉に応じることが前提にはなりますが、まずは示談交渉による解決を試みることになります。また、ADR（123頁以下参照）や民事調停（113頁以下参照）の利用も検討されるべきでしょう。相手方にも解決してしまいたいという動機がある場合には、手段として有効です。

❾ 補修の先行

どの手続をとるにしても、最終的な解決までに時間がかかりそうなら、とりあえず、何らかの形で雨漏りがないように適当な対策をして、シミだらけになっている室内の天井を張り替えてもよいでしょうか。

(1) 現場の保存

　専門家らの調査が済んだからといっても、相手方との交渉、紛争解決のための手続はこれからとなります。調停や裁判においても、調停委員や裁判官が、審理の途中に現地確認をすることはまれではありません。その時、現場の保存がなされていなかった場合、現地確認も意味をなしません。できることなら、相手方との紛争が解決するまでは現場には必要以上に手を加えることは避けるべきです。

　もっとも、雨漏りの場合、放置しておくと、シミが広がり、木材が

腐っていくこともあります。この場合、相手方から、紛争解決まで放置したことによって損害が拡大したとして被害者側に責任があるとの主張がされることもなくはありません。必要最小限の応急手当的な措置はやむをえないこともありますが、この場合には、写真やビデオを撮影し現場を保存しておくことが大切です。

(2) 張り替え費用の回収

相手方との協議を経ないまま補修を先行させる場合、後記11のとおり、要した費用の全額を回収できない可能性も視野に入れておく必要があります。

10 裁判官に建築を理解してもらうために
―― 建築専門部・集中部の存在 ――

裁判所には一級建築士さんがいるらしいという話を聞きました。そのような裁判所に事件が当たるようにしたら、こちらの言い分がとおりやすいのではないのですか。

大阪地方裁判所では、第10民事部が建築訴訟・調停の専門部とされています。また、東京地方裁判所では、民事第22部が調停・借地非訟・建築専門部です。そのほか、千葉地方裁判所と札幌地方裁判所に建築集中部が設けられています。

しかし、建築事件にあまり関わったことのない裁判官、調停委員が担当する部に事件が係属した場合には、円滑な進行が望めないことがあります。

調停申立て、提訴等により裁判所を利用する場合、管轄が許す限り、

建築に関する専門知識と経験を有する専門家委員としての一級建築士、裁判官がいる部に事件が係属するよう、合意管轄を取るように努力するべきでしょう。

11 実際に損害が回復できるか否か

先生、業者相手に訴えを起こして裁判に勝ったら、必ず賠償金は支払ってもらえるのでしょうか。

(1) 相手方の支払能力

訴訟提起する場合に、相手方の支払能力の有無は重要な問題となります。

相手に接触する前に、次のような保全手続のための調査も検討しておくべきでしょう。

①相手方の資産。例えば、持ちビルか否か等

②宅建業法による供託金からの回収の検討

③代表者個人の責任追及の可能性。自宅等の確認

なお、本件には適用がありませんが、新築住宅の場合、瑕疵担保責任履行法による保険の利用、あるいは供託金からの回収が可能なことがありますので、この点を確認する必要があります（139頁以下参照）。

(2) 要した補修費用を全額回収できるか

また、前記9のように合意なく補修を先行させた場合、既に支払った補修費用であっても、損害として補修費用の全額が賠償額として認められないおそれもあります。

補修費用について損害額として認められるには、当該瑕疵の原因に

対する補修として相当と認められる必要があります。つまり、まず瑕疵の原因を特定し、それに対する補修方法を確定し、相当な範囲の補修であることが求められます。

この点、例えば、1つの瑕疵に対する補修方法について、複数の方法が考えられる場合があります。この場合、どの補修方法を選択するかによって費用が異なることが多いでしょうが、必ずしも実際に行った補修方法が適切であると認めてもらえるわけではありません。

また、補修の範囲が問題になることもあります。例えば、汚れた天井を張り替えるにあたって、一部だけ張り替えると周辺との色の違いが目立ったり、同じ材質の部材がないなどの理由で、全面を張り替えることもあると思います。相談者にとっては、一部だけ張り替えるのは見栄えが悪いなどという理由で、全面張り替えてはじめて補修といえるという思いもあるでしょう。しかし、この点も、全面について補修が相当と認められるかどうかは事案によることになります。多少、周囲との色が異なってしまうという事情があっても、実際に汚れた部分のみしか張り替え相当として認められない可能性も考えられます。

訴訟手続において選択される補修は、残念ながら、より良い方法を追求して、依頼者の満足を得るために最大限に配慮をする、というわけではありません。要する費用なども考慮してあまり高額にならないように相当な補修方法を選択したり、結果的に元の状態に戻すために最低限必要な範囲での補修しか認められないこともあります。

したがって、補修を先行させる場合には、補修費用の全額が認められないおそれもあることも踏まえて、どのような補修方法をどの範囲で行うかについて検討することが大切です。

12 補修により解決を図る場合

先生、ありがとうございました。裁判において、雨漏りの原因はスレート瓦の葺き方が不適切だったことを相手方が認め、やり直しをするという提案をしてきました。しかし、このやり直しの工事は他の業者に頼み、費用を相手方に負担させるようにはできないのでしょうか。いい加減な業者に工事をさせたくはありません。

　補修費用を相手方に負担してもらう場合は、補修工事の内容、補修工事の費用、相手方との負担割合といった点で折り合いがつかなくなりがちです。したがって、相手方がＡさん側が提案する補修工事の内容について合意し、相手方が自ら補修工事をすることを受け入れた場合には、その方向で解決することも検討に値します。

　ただし、その場合には、補修工事の工事内容の協議と工事の施工監理が重要となります。

　また、工事監理には、依頼者側で一級建築士を工事監理者として選任することを合意するとよいでしょう。工事監理者の費用についても、相手方の負担として協議すべきです。

　また、この工事内容や監理方法、例えば、いつの時点で、何を確認するのかといった点については、調停調書や和解調書に明記すべきです。

　そのため、調停や和解交渉段階においても、弁護士と一級建築士との意思疎通、協働が重要となってきます。

第2章
追加変更代金を請求されたケース

【事　案】

　Aさんは、自宅を建てることにし、X建設に設計と施工を依頼しました。

　平成26年5月1日、AさんはX建設との間で請負契約を締結し、契約時に代金の一部を支払いました。その後、キッチンやバス、トイレ、壁紙については、AさんもX建設の担当者と一緒にショールームに行って選びました。

　工事着工後しばらくして、AさんはX建設から、地盤が想定していたよりも緩いため地盤改良が必要となったという説明を受けました。Aさんは、なぜ、あらかじめ調査しておいてくれなかったのかと思いましたが、仕方なくこれを了承しました。

　平成26年10月20日、工事が完成し、Aさんは鍵の引渡しを受けました。しかし、その際にX建設から、残代金のほかに、①地盤改良費、②標準品でないバス、キッチン、壁紙の追加代金、③最初から頼んでいたはずの廊下の手摺りの追加代金を請求されました。

第2部　事例Q&A

1 建築工事の特殊性と追加変更工事の発生

Aさん

> 自宅の新築を頼みましたが、完成後に聞いていない追加代金を請求されています。このようなことは、よくあるのですか。

　追加代金を請求されたことがきっかけでトラブルになることはよくあるというのが実情です。

　例えば、「完成している商品を購入する」という契約であれば、契約に際して取り決めるのは、代金額や支払時期、引渡しの時期などであり、契約内容は確定してしまうため、契約後に変更が生じるということはあまり想定できません。

　しかし、建築工事請負契約の場合、契約・着工後も相当期間をかけて工事を完成させていくため、追加や変更を生じる時間的余地が多分にあります。

　また、注文者側からすると、特に本件のように自宅の建築を依頼する場合にはこだわりも強く、二次元の図面であったものが立体的に現実化していく過程で当初のイメージとの間にズレが生じ、やっぱりこうしてほしい、という希望が出てくることはよくあることです。本来、専門家である建築業者側が注文者の希望を聞き取り、できる限り具体化して契約をすべきですが、パース（完成予想図）などを多用しても、注文者のイメージを完璧に再現することは難しいといえます。

　一方、建築業者側からすると、例えば古い家屋を解体して新築するような場合、解体してみて初めて、地盤が軟弱であるなどの予想外の事情が発覚し、追加変更工事を迫られるということもあります。

　つまり、建築工事請負契約においては、工事完了までの期間の長さ

やその流動性ゆえに、追加変更工事はつきものといえます。

では、なぜ追加変更工事においてトラブルが多いのか。それは、本来、工事の変更は書面で行わなければならないにもかかわらず（建設業法19条2項）、追加変更に関するやりとりが現場でその都度口頭でなされることが多いことに要因があります。また、全体としての工事完了日が決まっているため、十分に設計や見積りを検討・協議する時間的余裕がなく、金額や工期などが曖昧なまま工事を先行させてしまうことが多いということもあります。加えて、追加変更の合意をする権限が誰にあるのかが明確でないために、注文者は現場の下請け業者に伝えたことにより、あるいは、建築請負業者は契約当事者ではない注文者の家族に伝えたことにより、合意ができていると思い込んでしまうこともあります。

こういったトラブルは、建築請負業者から追加変更代金を請求された時点で顕在化することがほとんどです。

2 相談にあたって準備してもらうこと

請求されている追加代金を支払わなければならないのか相談に行きたいのですが、何を持って行けばよいですか。

追加変更工事とは、建築工事において実際に施工された工事のうち、当初の請負契約において請負代金に対応するものとして施工することが合意された工事（本工事）に含まれない工事です。本工事に含まれない新たな項目の工事を追加して行うことを追加

第2部　事例 Q&A

> 工事、本工事に含まれる工事を一部取りやめ、これに代わる新た
> な工事を行うことを変更工事といいます。

　追加代金の請求が認められるか否かのスタートは、請求されている
追加代金に対応する工事が、本工事に含まれているのかそうでないの
か、ということになります。

　本工事に含まれるかどうかの判断は、基本的には契約書や契約時の
図面、仕様書や見積りを元になされることになりますから、本工事の
契約内容がわかる書類が必要です。

　また、本工事に含まれていないとして、追加代金の請求が認められ
るかどうかの次のステップは追加変更合意がなされたかどうかという
ことになりますから、かかる合意（①追加変更工事の合意、②追加変更
工事代金の合意、または有償合意）がなされたかどうかがわかる書類が
必要です。

　したがって、相談にきてもらう際には、以下のような資料を持参し
てもらうとよいでしょう。

(1)　元の契約内容に関する資料

　①請負契約書、②契約当時の図面、設計図書、仕様書、③契約当時
の見積書等

(2)　追加変更に関する資料

　①カタログ、②打ち合わせ議事録、③やりとりの際に受け取った書
類や資料、④見積書、⑤自分で残している記録等

　なお、建築に際してどのような書類が作成されるかについては、29
頁以下を参照してください。

50

第2章　追加変更代金を請求されたケース

3　設計図書の入手方法

契約書はあるのですが、設計図書が見当たりません。どうしたらよいでしょうか。

(1)　建築計画概要書

　建築計画概要書とは、建築確認等がなされた建築物等について、建築物の概要やその建築物の位置、配置を図示した図面、完了検査等の履歴が記載された書面です。

　建築計画概要書であれば、市役所で閲覧することが可能であり、一定の手数料を負担すれば写しの交付を受けることもできます。

　また、建築計画概要書は、その建物が滅失または除却されるまで保存されます。

　しかし、建築計画概要書でわかることは、建築主や建築場所、高さ、敷地・建築・延べ床の各面積といった建築物の概要やその建築物の位置・配置等の大まかな内容であり、設計の詳細まではわかりません。

　やはり、確認申請時の図面を入手してもらう必要があります。

(2)　確認申請図面

　確認申請図面は、通常注文者に副本が交付されます。

　受け取っていないということであれば、施工業者に確認し、交付を求めます。施工業者から交付してもらえない、または受け取っていたが紛失した場合には、確認検査機関に問い合わせ、Aさんに閲覧等の手続をとってもらいましょう。

4 元の契約内容について争いがある場合
──本工事なのか追加変更工事なのか──

私は、廊下の手摺りについては最初から頼んでいました。それなのに、追加になっているのはおかしいと思います。どうしたらいいでしょうか。

契約内容は、当事者の合意によって決まります。ただし、本工事の内容に争いがある場合、まずは本工事の内容を特定しなければなりません。基本的には、契約書や契約書に添付された図面・見積り、仕様書、設計図書を元に契約内容を判断せざるをえません。

まず、契約時の図面や見積り、仕様書等を確認し、手摺りがこれらの書類に記載されているかを確認することになります。

手摺りが図面や見積りに含まれていれば、本工事の内容となり、追加代金の請求は認められません。一方、手摺りが図面や見積りに含まれていなければ、本工事の内容ではなかったということになり、追加代金の請求は認められることになるでしょう。

ただし、注文者が頼んだことを建築業者も了解していたにもかかわらず、見積りからうっかり漏れてしまい、注文者もこれに気づかないまま契約をしてしまった、ということもないわけではありません。こういった場合は、契約書外の事情により契約内容を立証すること、例えば、契約前に建築業者に渡していた要望メモや打ち合わせメモなどがあれば、これを元に本契約に含まれていたと主張することも検討の余地はあります。ただ、基本的には契約書、契約図面が基準となることは、理解しておかなくてはなりません。

5 追加変更代金請求が認められるための要件

> 私が選んだバス、キッチン、壁紙が標準品でないために、金額が上がるという話は聞いていません。わかっていたら、わざわざ高いものを選ぶことはしませんでした。代金が追加になることには納得がいきません。

　まずは、注文者が選んだものが、本工事の範囲を超える変更に当たるのか、本工事の範囲内に含まれるものなのかが問題となります。

　契約書や設計図書、仕様書や見積りを確認し、品番やグレード等が指定されていたのかを確認します。品番やグレード等が指定されており、Aさんが選んだものがその範囲から外れていなければ、本工事の範囲内ということで追加代金の請求は認められません。

　品番やグレード等の記載がない場合は、「特段の事情がない限り、『一式見積がされた工事項目に該当する標準的な内容（範囲、仕様及びグレード等）の工事を本工事とする』ことが請負契約締結時点における当事者間の合意内容というべき」であろうとされています。そして何をもって「標準的な内容」の工事というべきかは事案によると言わざるをえませんが、裁判所は、「工事の経過（注文者から要望があったか、いつ、どのような要望があったのか、これに対して施工者がどのような対応をしたかなど）」や「工事内容、見積金額と施工費の乖離等」といった点を総合的に考慮して審理・判断しているようです。なお、「標準的な内容」を超える工事であることについては、代金を請求す

第2部 事例Q&A

る施工者側に立証責任があります[1]。

　Aさんが選んだものが、見積もり記載の品番やグレードを超えるものであった場合、注文者と建築業者との合意に基づいて追加変更が行われたのであれば、業者は変更後の契約を元に代金を請求できます。

　また、見積りに品番やグレードの記載がなかった場合には、Aさんが指定したときに業者から金額に関する指摘があったかどうか、Aさんが指定したものが当初の見積り金額からどの程度乖離していたかなどの点を考慮し、「標準的な内容」の工事といえる場合には本工事に含まれ、追加代金の請求は認められないということになるでしょう。

　なお、本来、工事内容や請負代金の額を変更する場合は書面によらなければならないにもかかわらず（建設業法19条2項）、その都度追加工事請負契約書や見積りを作成することは必ずしも多くありません。

　追加変更工事代金が認められるための要件は、下記のとおりです。

　　①追加変更工事の合意

　　②追加変更工事金額の合意、または、有償合意及び相当額

　　③工事の完成

　要件についての詳細は、181頁以下を参照してください。

1）小久保孝雄＝德岡由美子編著『リーガル・プログレッシブ・シリーズ　建築訴訟』
　251頁（青林書院、2015年）

6 見積り落ち

確かに、工事の途中でX建設の担当者から地盤改良が必要だと言われ、了解しました。しかし、そもそも地盤改良が必要かどうかは事前に調査をして代金に含めておくべきで、単なる見積り落ちではないですか。

(1) 契約書に記載がある場合

　実際に着工してみなければ工事の要否や代金額が定まらない場合、例えば、建築予定地上に建物が建っていて、撤去してみなければ地盤改良の要否を判断できないというような場合には、契約書には、「○○については別途工事とする」と記載しておく場合が多いようです。そうしなければ、後々、代金の支払いで揉めることになるからです。

　契約書に、「地盤改良工事については別途工事とする」との記載があれば、地盤改良費については見積り落ちではなく、追加工事ということになります。

(2) 契約書に記載がない場合

　契約書に「別途工事とする」との記載がなく、見積書にも記載がない場合は、どのように考えるべきでしょうか。

　見積りにない工事の費用をどちらが負担するかについては、工事の内容や費用、当事者の合理的意思解釈により、本工事の内容であったかを判断すべきと解されます[2]。

---

　2) 松本克美＝齋藤隆＝小久保孝雄編『専門訴訟講座2　建築訴訟』567頁（民事法研究会、第2版、2013年）

契約図面に記載がある場合には、通常は単純な「見積り落ち」であり、追加代金の請求は認められません。

また、当然に必要な工事について見積書に記載がない場合も、「見積り落ち」として、追加代金の請求は認められません。例えば、バリアフリーの建物の建築を頼んだにもかかわらず、手摺りやスロープ設置のための費用が全く見積りに含まれていないような場合が考えられます。バリアフリーとは、高齢者等が生活するにあたって生活上の障壁を取り除くためのものですから、立ち上がるときや歩くときの支えになるように手摺りを設置する、段差を設けずスロープを設置するといったことは、バリアフリーの建物に当然に必要な工事であるといえます。したがって、バリアフリーの建物の建築を請け負わせたけれども、手摺りやスロープ設置の費用が全く見積りに含まれていない場合、これは単純な「見積り落ち」として、建築業者がその負担を負うべきです。つまり、本工事に含まれ、建築業者は追加代金を請求することはできず、当初の契約金額の範囲内で手摺りやスロープの設置をしなければならないということになります。

一方、本件のような地盤が軟弱であったことによる地盤改良工事については、一概にはいえません。建築物の基礎は、地盤の状況を考慮して国土交通大臣の定めた構造方法を用いなければならないことから（建築基準法施行令38条3項）、地盤調査は事実上義務化されているといえること、調査の方法・工法によっては費用が高額となることから、当事者のやりとりの経過等によっては、単純な「見積り落ち」とまではいえない場合もあります。ただし、この場合であっても、建築業者の説明義務の問題は残ります。

第2章　追加変更代金を請求されたケース

| COLUMN | **"安ければいい"というものではない** |

　建築業者は建築のプロですが、注文者であるＡさんは建築に関しては素人であり、契約内容を隅々まで専門的にチェックすることは難しいのが実情です。本来、何が契約内容で何が不確定要素なのか、何が追加になるのか、ということは建築業者が契約前に明確に説明をすべきです。

　しかし、なかには、建築業者が本来契約に含めておくべき工事をあえて契約内容から外し、契約代金を低額に抑えて契約に漕ぎ着け、後から追加工事として高額な追加工事代金を請求する、ということがないわけではありません。注文する側は、代金の総額と簡単な図面くらいしか見ないまま「この金額で自分が希望する建物が建つのだな。」と思いがちですし、そもそも細かく見積りを検討することは不可能です。紛争になった段階で建築士に設計図書や見積書を見てもらって、「こんな金額じゃ、到底この建物は建たないよ。」と言われてしまうこともあります。

　上記のような悪質な業者に対しては、契約書外の事情から「別途工事」とする合意は成立していない、と主張立証することも積極的に検討すべきですが、契約書に対する信頼は大きく、難しいことは否めません。

　こうした事態を防ぐためには、契約前に信頼できる弁護士・建築士にチェックしてもらうことが望ましいといえます。安ければいいというものではありません。必要なところに必要な費用をかける、ということが大事です。

第2部　事例Q&A

7　代金額の合意がない場合の考え方

確かに、新たに地盤改良を行うことは了解しましたが、代金がこれだけ高額になるという説明はありませんでした。このような場合でも、追加代金を払わなければいけないのですか。また、代金額はどうやって決まるのですか。

　請負契約においては、有償の合意があれば代金額の定めがなくとも当該工事の内容に相応する合理的な代金額を支払うのが当事者の通常の意思と解されています。

　したがって、有償であることについてAさんが了解していたのであれば、具体的な金額まで合意に至っていなくても、当該地盤改良工事に「相応する合理的な代金額」を支払うことになります。

　相当額の認定方法については、183頁を参照してください。

8　未払代金を払うべきか

本工事の残代金は払っておいた方がいいのでしょうか。建物に不具合もあり、いずれ、X建設に対して損害賠償を請求することも考えているのですが。

　未払代金を請求されている場合、最終的な解決を待たずに先に支払いをすべきかどうかは悩ましいところです。

第2章　追加変更代金を請求されたケース

　先に支払いをしたが最終的に注文者に残代金の支払義務がないという結論になった場合でも、一度払った代金を取り戻すというのはなかなか難しく、工事業者の無資力のリスクを注文者が負うことになります。一方、支払いを止めていたが結果的に相手方の言い分が認められてしまった場合、注文者は遅延損害金も併せて支払わなければなりません。工事代金が高額になれば、その分遅延損害金の額も軽視できません。

　目的物に瑕疵がある場合、請負代金の支払いと、瑕疵修補請求または損害賠償請求とは同時履行の関係に立ちます（民法634条）。そして、注文者は、信義則に反する場合を除き、請負人から瑕疵の補修に代わる損害の賠償を受けるまでは、報酬全額の支払いを拒むことができ、これについて履行遅滞の責任を負わない（最判平成9年2月14日民集51巻2号337頁）とされています。したがって、目的物に瑕疵があり、瑕疵主張が認められる可能性がある場合には、残代金の支払いを止めておくという選択は十分にありえます。

　もっとも、最終的に請負代金債務と損害賠償債務について相殺により処理をする場合、相殺後の代金残債務について相殺の意思表示をした日の翌日から履行遅滞に陥るとされていますから（最判平成9年7月15日民集51巻6号2581頁）、軽々に相殺の意思表示をしないよう注意すべきです。詳細は176頁を参照してください。

59

9 事件の係属

B弁護士：X建設はD弁護士を訴訟代理人として、残代金及び追加工事代金の支払いを求め、大阪地方裁判所に請負代金請求訴訟を提起しました。今後の手続について、ご説明します。

　建築については専門的知識を要するため、建築専門部を設けている裁判所もあります。例えば、大阪地裁では、次のような事件を建築・調停部が集中して担当する建築関係事件と定め、第10民事部で取り扱っています（大阪地裁ウェブサイト「大阪地方裁判所第10民事部（建築・調停部）について」参照）。

①建物に関する
　・設計、施工、監理の瑕疵の有無
　・工事の完成の有無
　・工事の追加変更の有無
　・設計、監理の出来高の有無
に関する請負代金（設計料、監理料を含む。）請求訴訟
②建物の
　・設計、施工、監理の瑕疵
　・工事の未完成
を原因とする損害賠償請求訴訟
③建物修繕ローンに関する立替金請求訴訟

　もっとも、建築専門部を設けていない裁判所であれば、建築事件であっても通常部が取り扱うことになります。

また、建築専門部を設けている裁判所でも、事件の配転の段階で、瑕疵や工事の追加変更等が問題となっていないような請負代金請求事件（単純な未払等）であれば、建築専門部ではなく、通常部に係属することもあります。

10 建築士の関与

建築士に協力をお願いする必要はあるのだろうか。お願いするとして、どの段階でお願いしたらよいのだろうか。

代理人として、建築士の協力を求めるかどうかは、事件を処理するにあたって建築の専門的知見が必要かどうかによります。

「瑕疵」が問題となっている事件については建築士の協力が必要ですが、「追加代金」の請求が問題となっている事件については、契約内容の問題ということで、建築士に協力を依頼せずに弁護士のみで事件を進めるということもあるようです。

しかし、図面や見積りをチェックする場合には専門的な知識が必要となる場面もありますし、代金額が争われる場合には、相当な代金額について建築士の意見を聞き見積りを作成してもらう必要も出てきます。

できれば、早い段階で建築士に相談しておいた方がよいでしょう。

11 専門部における審理のメリット

X建設は、単純な残代金及び追加工事代金の請求として訴訟提起したため事件は通常部に係属していた。しかし、こちらが答弁書を提出し、工事の追加変更の有無の問題が顕在化したため、裁判所から専門部への配転替えを打診された。専門部への配転に応じた方がよいのだろうか。

　建築訴訟は、争点若しくは証拠の整理、判断にあたって、専門的知見を要する事件類型です。

　建築専門部は、建築事件の処理に関するノウハウを蓄積しており、審理の進め方や建築士による専門的知見の導入について、通常部よりも適時に的確な審理が期待できます。

　建築における技術的事項が争点になりそうな場合には、専門部への配転替えを積極的に検討すべきです。

　支部から本庁の専門部へ回付されるケースもあります。

第2章 追加変更代金を請求されたケース

12 追加変更工事一覧表の作成

事件が建築専門部に移り、裁判所から、追加変更工事一覧表の作成を指示されたが、どうやって作成すればよいのだろうか。また、追加変更工事一覧表の作成にあたって、代理人として何か気をつけなければならないことはあるだろうか。

(1) 追加変更工事の類型

追加変更工事の類型としては、大まかに下記のとおりに分けられます。

ア　追加工事
　(ｱ)　新たに別の内容の工事が追加される場合
　(ｲ)　個数、施工面積等、数量が追加される場合
イ　変更工事
　(ｱ)　当初工事に含まれていた工事（本工事）の全部または一部を取りやめて別の工事にする場合
　(ｲ)　本工事の品質等級を上下させるグレードの変更
ウ　減工事
　当初契約に含まれていた工事の一部をとりやめる場合

---

(2) 追加変更工事一覧表のひな形

大阪地裁では、上記類型に併せて2種類の追加変更工事一覧表のひな型を準備しています。違いは、「本工事の内容」欄の有無です（第6部巻末資料参照）。

63

第2部　事例 Q&A

追加工事のみの場合（上記(1)のア）には、「本工事」との違いを比較する必要がありませんので、「本工事の内容」欄のない追加変更工事一覧表を使用してかまいませんが、変更工事や減工事が含まれている場合（上記(1)のイ、ウ）には、「本工事の内容」欄のある追加変更工事一覧表（本工事表記）を使用します。本件では、後者を利用します。

(3)　追加変更工事一覧表への記載の一般的な留意点

追加変更工事一覧表を作成する目的は、追加変更工事の項目、内容、これを立証する証拠を簡潔な表にまとめることによって、争点や立証の命題を一覧性のあるものに整理し、訴訟手続に関与する者全員がこれを共有することにあります。簡にして要を得た追加変更工事一覧表を作成することは、裁判所の理解を容易にし、審理の促進のために不可欠といえます。

また、追加変更工事一覧表の項目は、そのまま追加変更代金請求の要件事実とリンクしていますので、この表を埋めることは、代理人が要件事実を過不足なく主張立証するためにも不可欠です。

追加変更代金請求権の要件事実は181頁以下を参照してください。

以下、項目ごとに、施工者側も含めて記載するにあたって留意すべき点を説明します。

ア　項　目

建物のどの部分の工事が問題となっているのか、工事箇所がわかるように記載します。

現地調査を実施する場合には、追加変更工事一覧表を見ながら工事箇所を確認することになりますので、現地を回る順番を意識して項目の順番を決めた方がよいでしょう。

イ　施工者側

㋐　「本工事の内容」欄・「証拠」欄

本工事に含まれるのか否かがわかるよう本工事の内容を特定し、

第2章　追加変更代金を請求されたケース

この裏付けとなる証拠を「証拠」欄に記載します。なお、新規追加工事の場合は、本工事欄は空欄になります。

証拠については、契約書、設計図書、建築確認申請書類、見積書等、大部な書証の中から必要な個所を指摘する必要がありますので、頁数まで正確に記載しましょう。

> **POINT ┃　書証の提出の工夫**
>
> 建築事件では書証で設計図書などを提出することが多く、量が膨大になりがちです。建築事件に限ったことではありませんが、頁数の多い書証を提出する場合には、提出用の写しに頁数をふる、該当個所にマーカーを引くなど、書面への引用や裁判所の確認が容易になるように工夫をしましょう。

㈑　「追加変更工事の内容」欄・「追加変更理由」欄・「証拠」欄

追加変更工事が行われたことがわかるように、「追加変更工事の内容」欄にその内容を具体的に記載します。

また、追加変更合意が要件の一つですから、追加変更工事の合意に該当する事実、少なくともこれを推認させる事実を「追加変更理由」欄に記載します。例えば、打ち合わせの日時・場所や打ち合わせの内容などです。

そして、これらを立証するための証拠（変更図面や打ち合わせ議事録、打ち合わせメモなど）を「証拠」欄に指摘します。

㈒　「Ａ本工事金額」欄・「Ｂ変更後金額」欄・「差引（Ｂ－Ａ）」欄

金額の合意がある場合には、合意した本工事の金額、変更後の金額を記載します。

また、請負契約においては、有償の合意があれば代金額の定め

65

第2部　事例 Q&A

がなくとも当該工事の内容に相応する合理的な代金額を支払うの
が当事者の通常の意思と解されていますので（詳細は183頁参照）、
代金額の合意がない場合には、相当代金額に該当する金額を記載
することになります。

POINT　エクセルの活用

　追加変更工事一覧表はエクセルで作成されています。金額を入力する
際に、全角数字で入力されている場合がありますが、「これではエクセ
ルの計算機能を活用できない。」という声も聞きます。計算できるよう
に、金額は半角数字で入力してください。

ウ　注文者側

㋐　本工事の認否・追加変更工事の認否

　施工者側が主張する本工事の内容、追加変更工事の内容に対す
る認否を記載します。

　否認する場合には、どの部分を否認するのか、否認の理由を具
体的かつ簡潔に記載します。

㋑　主張金額

　本工事に含まれている、あるいはサービス工事（無償）であっ
たなどと主張する場合には、主張金額は０円になります。

　また、有償で追加変更工事がなされたことは認めるが金額の合
意がなく、施工者側の主張する金額は高すぎる、という場合には、
注文者側が相当と主張する代金額を記載することになります。

㋒　証　拠

　上記㋐の認否及び㋑の金額を裏付ける証拠を記載します。

　施工者と異なる代金額を主張するのであれば、当該金額を裏付
ける証拠（注文者側で作成した見積書等）も記載します。

第2章　追加変更代金を請求されたケース

⑷　追加変更工事一覧表

　B弁護士とD弁護士によって、追加変更工事一覧表が作成されました（次頁参照）。

67

■追加変更工事一覧表

平成27年(ワ)第○○○○号、平成27年(ネ)第○○○○号

追加変更工事一覧表（平成27年○○月○○日被告作成）

項目		本工事の内容	証拠	施工者側（原告）			A本工事金額	B変更後金額	差引（B−A）	本工事の認否	施主側（被告）		
				追加変更工事の内容	追加変更理由	証拠					追加変更工事の認否	主張金額	証拠
1	地盤改良			地盤改良工事（●●工法）	着工後の地盤調査の結果			1,500,000	1,500,000		地盤改良工事を新たに行ったことは認めるが、金額の合意はなく、金額が高すぎる。	1,000,000	Z■
2	1階浴室	標準品（標準カタログ）のユニットバスの設置	甲★●頁●行目	カタログＡランクのユニットバスの設置	平成●年●月●日ショールームにおける施主からの指示	甲▲、▼	400,000	550,000	150,000	否認する。ランクの指定はなかった。	カタログＡランクに記載されたユニットバスが設置されたことは認めるが、追加変更であることは否認する。本工事の範囲内である。	0	Z★
3	1階キッチン	標準品（標準カタログ）のシステムキッチンの設置	甲★●頁●行目	カタログＡランクのシステムキッチンの設置	平成●年●月●日ショールームにおける施主からの指示	甲▲、▼	800,000	1,000,000	200,000	否認する。ランクの指定はなかった。	カタログＡランクに記載されたキッチンが設置されたことは認めるが、追加変更であることは否認する。本工事の範囲内である。	0	Z★
4	1階廊下			手摺りの新設	平成●年●月●日現地における施主からの指示	甲■		80,000	80,000		否認する。本工事に含まれている。	0	Z★
5	1階洋室	標準品（スタンダード）の壁紙の貼付	甲★●頁●行目	ハイグレードの壁紙の貼付	平成●年●月●日ショールームにおける施主からの指示	甲▲、▼	50,000	80,000	30,000	否認する。ランクの指定はなかった。	ハイグレードの壁紙が貼付されたことは認めるが、追加変更であることは否認する。本工事の範囲内である。	0	Z★
	合計								1,960,000			1,000,000	

13 付調停 ── 調停に付すメリット ──

双方が主張をし、追加変更工事一覧表についても双方記載ができた段階で、裁判所から調停に付したいとの打診がありました。応じた方がよいのだろうか。

　大阪地裁第10民事部では、調停に付されると、調停主任である裁判官のほか、少なくとも１名は建築士調停委員が調停委員会を構成し、調停に当たります。調停に付すメリットは様々です。

(1) 建築士の関与

　調停のメリットは、建築士調停委員が調停の運営を担う調停委員の１人として調停に関与することで、専門的知見を活用しながら争点整理を進めつつ柔軟な進行が期待できるということにあります。

　一方、訴訟手続で建築士の知見を得ようとすれば、専門委員として関与してもらうということになります。しかし、専門委員は、あくまで「裁判所のアドバイザー」であり、専門委員が行うのは、専門的知見の「説明」です。専門委員が訴訟の進行に関与するわけではありません。

(2) 話し合いによる解決

　訴訟では話し合いの余地が全く期待できなかった事件でも、調停委員を挟んで双方が協議を積み重ねることで話し合いの機運が生まれるということもあります。

　また、調停成立に向けて協議を重ねるなかで、相手方の支払能力に

第2部　事例Q&A

ついて見通しが立つこともありますし、合意によって解決した方が、判決により強制的に履行を実現するよりも任意の履行が期待できるという面もあります。

(3)　早期解決

訴訟であれば、一審で判決が出ても、不服があれば控訴、上告と続きますから、解決に至るまで時間もかかります。建築事件では訴額も高額になりがちですから、その分遅延損害金も加算されていきます。

しかし、調停成立に至れば、上訴がない分早期解決が見込める場合が多いといえます。もちろん、結局不調となって訴訟に戻ることもあり、そうなると調停にかけた時間だけ余分に時間が延びたと感じるかもしれません。

ただし、調停の過程で得られた情報（建築士調停委員の意見など）を訴訟で活用するということもありえますから、全く無駄になるということはありません。

(4)　解決の柔軟性

訴訟で判決をもらうということになれば、金銭解決以外の解決は期待できませんし、支払い方法は即時一括払いです。

しかし、調停であれば、支払いの時期や方法、金銭以外の解決についても柔軟に検討の余地がでてきます。特に、建築士が調停委員として関与するため、補修方法や補修費用の相当性など、より事案に即した解決方法の検討が期待できます。

70

第2章 追加変更代金を請求されたケース

14 現地確認の必要性

結局調停に付されたが、裁判所に現地を見に行ってもらった方がよいのだろうか。行ってもらうとすれば、どの段階で行ったらよいのだろうか。

(1) 現地確認の要否

建物のイメージというものは、文章による説明や、図面・写真のみでは、なかなかつかみにくいものです。調停の段階で現地に行けば、調停委員である建築士も同行しますから、現場を直接確認しながら、建築士から説明を受けたり、当事者が問題点を指摘したりということが可能になります。

ただし、本件のように、追加変更工事の有無や金額の相当性のみが争点になっているのであれば、契約書面や契約図面、契約時のやりとりに関する主張立証で足り、必ずしも現地を確認する必要がない場合もあります。

現地確認を行うことで、裁判所に何を確認してもらうのか、目的を明確にしたうえで現地確認の要否を検討する必要があります。

(2) 現地確認の時期

裁判所にある程度具体的なイメージを持ってもらうためには、早い段階で現地確認に行く方が望ましいといえます。

一方で、争点整理もままならない段階で現地に行っても、何を見たらいいのかわからないということになってしまいます。

おおよその争点整理が終わった段階、具体的には、一覧表が概ね完成した段階で現地を確認することが多いようです。

71

第 2 部　事例 Q&A

15　調停から訴訟へ

結局調停では折り合いが付かず、訴訟に戻ることになった。調停で行った主張や提出した証拠、調停委員の意見などは、そのまま訴訟に引き継がれるのだろうか。また、訴訟では、調停を担当した裁判官が引き続き訴訟を担当するのだろうか。

(1) 調停で提出した書証等の扱い

　調停が訴訟にそのまま移行するわけではなく、調停で提出された主張、証拠は、当然に訴訟に引き継がれるわけではありません。調停が成立せず、訴訟に戻った段階で、改めて書面を陳述し、証拠を提出する必要があります。

　もっとも、裁判所によっては、調停と訴訟手続を併行させている場合もあるようです。

　また、調停委員の意見については、調停の成立見込みがない場合、裁判所として、①調停委員会の意見を記載した書面を調停が不成立となる調停期日の調書に添付する方法、②それまでの調停の成果を反映させた調停に代わる決定（民事調停法17条）をする方法があり、当事者は、これらの調書や決定書を謄写して書証として利用することが可能です[3]。

(2) 担当する裁判官は替わるか

　調停は話し合いですから、調停成立間際になればなおさら、訴訟手

---

3) 小久保＝徳岡・前掲注1）60頁

続よりも腹を割った話をすることも多いでしょう。その過程で、裁判官が事実上心証を形成してしまったとしたら、訴訟に戻った段階で、同じ裁判官が審理・判決をすれば、主張や証拠に現れていない事情についても、事実上心証の一部とされてしまう可能性があります。

一方で、訴訟に戻った段階で、初めて事件を担当する裁判官が一から記録を読んで審理を続行すると、現地調査に行った結果などが無駄になってしまうこともあります。

ただし、実際には、調停を担当した裁判官が引き続き訴訟も担当することが多いようです。

16 終　結

訴訟手続に戻った後の手続の流れはどうなるのだろうか。

通常の訴訟と同様です。主張と立証を続け、必要があれば証拠調べ手続を行い、判決に至ります。特に、契約書外の事情から契約内容を立証しなければならない場合は、打ち合わせに立ち会った当事者等の尋問等を行うことになります。判決前に、再度和解を試みることもあります。

第3章

リフォーム

【事 案】

　Aさんは、戸建て住宅に住んでいましたが、ある日、近隣でリフォーム工事をしていたＹ工務店が来て、「壁が変色しているので塗り直した方がいい」と言われました。Aさんは、Ｙ工務店に家に上がってもらったところ、「エアコンの取付位置が悪いため空調が効率的に効いていない。電気代削減のためにエアコンの取付位置を変えた方がいい」と言われました。

　Aさんは、Ｙ工務店に外壁の塗装とエアコンの取付位置の変更を依頼しました。エアコンの取付位置は、相談の上、いくつかの提案の中からAさんが決めました。

　リフォーム工事が終了し、Aさんは代金を支払ってしまいましたが、外壁の塗装はAさんが頼んだ色と違っていました。

　また、Aさんがエアコンと壁の間に不自然な隙間があることに気づき、エアコンの取付状況を確認したところ、エアコンが設置されているちょうど後ろにある筋交いに、直径が10㎝を超える大きな穴が開いていることが判明しました。Aさんは筋交いに穴を開けられては建物の強度に問題が出てくると思い、Ｙ工務店に苦情を申し入れました。Ｙ工務店は、筋交いに穴を開けたことは認めましたが、「Aさんが指定した場所に取り付けたからで自分に責任はない。どうしてもというなら取付料は返金してもいいが、それ以上の対応はしない」と言われてしまいました。

第2部　事例Q&A

Aさんは、B弁護士に相談することにしました。

1 相談にあたって準備してもらうこと

相談に行く際に、何を準備していけばよいですか。

Aさん

　まずは、リフォーム契約の内容、工事の内容、現在の状況や契約・工事に至る経緯がわかるものを持ってきてもらう必要があります。具体的には、以下のものが考えられます。

ア　リフォーム契約の内容について
　　①請負契約書、②図面、③工程表、④見積書、⑤請求書、⑥領収書など
イ　リフォーム工事の内容がわかるもの
　　①工事前の写真、②工事後（現状）の写真、③工事報告書、④資料（パンフレット等）など
ウ　被害の状況がわかるもの
　　①穴が開いている状況がわかる写真、②建物平面図等建物建築時の図面など
エ　当初からの経緯がわかるもの
　　①打ち合わせ議事録、②メモ、③工事前や工事後に業者とのやり取りの際に受け取った書類など

　もっとも、リフォーム工事の場合、契約書や図面をきちんと作成し

第 3 章　リフォーム

ていないことが多く、これが、リフォームトラブルの要因となっています。

2　クーリング・オフの検討

B弁護士　この請負契約書には、工事に関して「外壁塗装工事一式100万円」「エアコン取付工事一式5万円」としか書かれていませんが、工事の内容が詳しく書かれた書類など、何か契約書に添付されている書類はありませんでしたか。

確かこれだけだったと思うのですが、もう一度探してみます。

(1)　クーリング・オフの要件

　今回のAさんの契約は、消費者に対する訪問販売によるものです。したがって、法律が定める一定の期間内であれば、クーリング・オフが考えられます（特商法9条1項）。

　クーリング・オフが可能な期間は、「法定の書面を受領してから8日間」です。

　法定の書面には、「商品若しくは権利又は役務の種類」を記載しなければならず（特商法4条1項）、役務の「種類」とは、当該役務を特定できる事項をいいます。そして、消費者にとってその内容の理解が困難な権利または役務については、その属性にかんがみ、記載可能なものをできるだけ詳細に記載する必要があります。

77

第2部　事例Q&A

　住宅リフォームに関する書面の場合、工事内容を詳細に記載せず、「○○工事一式」とのみ記載することはこれに違反します（平成25年2月20日付消費者庁次長、経済産業省大臣官房商務流通保安審議官発、各経済産業局長及び内閣府沖縄総合事務局長あて「特定商取引に関する法律等の施行について」）。

　したがって、本件では、契約書類が、Ａさんが持参した請負契約書のみであった場合、少なくとも工事の内容に関する事項についての記載が欠けているので、「法定の書面」には当たりません。

　つまり、本件ではクーリング・オフ期間の起算点となる書面交付はなされていないので、クーリング・オフの行使は可能です。工事終了後でもかまいません。

(2)　クーリング・オフの行使方法

　クーリング・オフは、書面により相手に通知する方法で行います（特商法9条1項）。

　後日クーリング・オフの有無が争いになった場合にそなえ、内容証明郵便の方法によるべきです。

(3)　クーリング・オフの効果

　クーリング・オフは、書面を発した時に効力を生じます（特商法9条2項）。

　工事後であっても、クーリング・オフをすれば代金を支払う必要はなくなりますから（特商法9条5項）、Ａさんは支払った代金の返還を求めることができます。

　工事を行ったからといって、Ｙ工務店がＡさんに対し、損害賠償や違約金の支払いを求めることはできません（特商法9条3項）。一方、Ａさんは土地・建物のその他の工作物の現状が変更されたときは、Ｙ工務店に原状回復措置を無償で講ずるよう請求できます（特商法9条

第3章　リフォーム

7項)。

3　クーリング・オフ以外の方法

法律で決められた書類を受け取っていれば、契約は有効ということでしょうか。エアコンの場所を変えたからといって、空調の効きも電気代も変わりませんし、外壁塗装に100万円は高すぎると思います。

(1)　法律構成の検討

　エアコンの場所変更によって空調の効きが変わらないにもかかわらず、電気代の削減になるといって契約をさせた場合、不実告知を理由とする取り消し（消費者契約法4条1項1号、特商法6条1項6号）、詐欺を理由とする取り消し（民法96条1項）、錯誤を理由とする契約の無効（同法95条）による主張が考えられます。この場合、①業者から説明を受けた内容や、②やりとりを裏付けるメモ、③パンフレット等の資料を確認することになるでしょう。

　また、工事価格が異常なまでに高額の場合は、公序良俗違反による無効（同法90条）を主張できる場合もあります。

　取消権は、追認をすることができる時から6か月で時効により消滅し、契約締結から5年経過したときも同様です（消費者契約法7条1項、特商法9条の3第4項）。

(2)　各構成の主張が認められる場合の効果

　契約の取り消しが認められる場合、契約は当初に遡って無効となりますから（民法121条)、契約の無効が認められた場合と同様、Ａさん

79

は代金を支払う必要はありません。

代金の支払いや工事が既に行われている本件の場合、相互に不当利得の返還が必要となります。工事による使用利益がＡさんに現存する場合、現存利益の返還が問題となりますが、現存利益をどう見るかは様々な考え方があるところです。

4 注文者の指示

　書類を探したら、契約書には細かい見積りや仕様書がついていました。先生にも確認してもらいましたが、クーリング・オフの起算点となる「法定の書面」の記載に欠けるところはないようです。
　でも、筋交いに穴が開いたままでは困りますので、補修か損害賠償を求めたいのですが、Ｙ工務店は私が指示したどおりにやっただけだと開き直っています。私は何も言えないのでしょうか。

仕事の目的物の瑕疵が注文者の供した材料の性質または注文者の与えた指図によって生じたとき、請負人の担保責任を問うことはできません（民法636条本文）。

もっとも、工務店がその材料または指図が不適当であることを知りながら告げなかったときは、この限りではありません（同法636条ただし書）。

Ｙ工務店としては、設置に際して構造上問題がないかどうか確認しなければなりません。Ａさんの指図に従ってエアコンを設置すれば、筋交いに穴を開けることになることはわかっていたはずです。筋交い

の穴により構造上の問題を生じた場合、Aさんの指示どおりに施工したから責任を負わないという主張は認められません。

5 修補請求と損害賠償請求

Y工務店にきちんと対応をしてもらいたいのですが、補修してもらうのと損害賠償を求めるのでは、どちらがよいでしょうか。

Y工務店の施工能力に信頼がおけない場合、補修は信頼できる業者に依頼し、Y工務店には補修費用相当額を請求する方が無難です。

ただし、Y工務店の施工能力にあまり不安がないということであれば、Y工務店に補修を任せるということも検討の余地があります。特に、Y工務店に支払能力があまりない場合、Y工務店としては、自ら補修をした方が支払いを抑えることができ、交渉がまとまりやすいこともあります。

Y工務店に補修を任せる場合、まずは建築士に補修計画の内容を確認してもらったうえで、工事に着手してもらいます。場合によっては、建築士に補修中の監理をお願いするということも考えましょう。

第4章 マンション外壁タイルの浮き

【事　案】

　Cマンションでは、長期修繕計画を立てるために建築物の調査を行ったところ、外壁に施工されたタイルに浮きが多数見つかりました。

　当時、Cマンションを分譲した事業者Z社は倒産していたため、Cマンション管理組合理事長Aさんは、同マンションを建築したX建設に対し、外壁タイルの現状確認、浮きの原因調査及び対応を依頼しました。

　X建設は、現場確認を行いましたが、「外壁タイルは適正な設計施工が行われても温度変化による膨張収縮の繰り返しで接着力が弱まるので、浮きは経年変化によるものであり、定期的なメンテナンスは管理組合で行うべきである。」として、管理組合の要請には応じられない旨、回答してきました。

　そこで、Aさんは、管理会社の紹介によりB弁護士に相談することにしました。

第2部　事例Q&A

1　初回相談時の資料の準備と聴取のポイント

Aさん：あまりにも多くの浮きが見つかっており、経年変化だけでは納得できません。一度ご相談にうかがいたいのですが、あらかじめどのような準備をしてうかがえばよろしいですか。

(1)　契約書・パンフレット

相談者のマンション購入時の売買契約書、パンフレットを持参してもらいます。

まず、売買契約書で、相談者がマンションの区分所有者であることを確認します。パンフレットには、マンションの立地状況や外観等の情報の他に、施工業者や設計・監理者、建築時期など様々な情報が含まれています。

(2)　確認申請書及び確認済証、竣工図などの図面

マンション全体の構造を把握することと、タイル貼りについて実際の施工がどのような方法でなされているかを確認するために、確認申請書及び確認済証、竣工図、仕様書を確認する必要があります。これらは管理組合において保管されています。また、使用材料報告書、施工時の検査報告書（タイルの引っ張り検査）などを確認することも有益です。しかし、これらの書面については必ずしも管理組合において保管されているとは限らず、デベロッパーが保管している場合もあります。

(3) 建築物定期調査結果報告書

　建物の所有者、管理者または占有者は、その建物の構造や建築設備等を常時適法な状態に維持する義務があります（建築基準法8条1項）。

　さらに、特定行政庁が指定する建築物の所有者・管理者は、定期的に専門技術を有する資格者に調査・検査をさせ、その結果を3年に1回（建築設備は1年に1回）特定行政庁に報告する義務があり（同法12条）、この定期調査の内容を把握しておく必要があります。

COLUMN　定期報告制度の見直し

　平成20年4月1日から建築基準法12条に基づく定期報告制度が見直されました（なお、防火設備については、平成28年6月1日施行で加わっています。）。

　外壁タイル等の劣化・損傷については、それまで「手の届く範囲を打診、その他を目視で調査し、異常があれば『精密調査を要する』として建築物の所有者等に注意喚起する」とされていましたが、「手の届く範囲を打診、その他を目視で調査し、異常があれば全面打診等により調査し、加えて竣工、外壁改修等から10年を経てから最初の調査の際に全面打診等により調査する」ことが義務づけられました。

　なお、定期報告すべきであるのにしなかったり、虚偽の報告を行った場合は、罰則の対象（100万円以下の罰金）となります。

---

(4) 写　真

　どのような工事が行われたかを知るために、工事中の写真、現在の状況写真が必要です。

(5) X建設との交渉経緯を時系列に従ってまとめたもの

　初回相談時、相談者は、相手方（X建設）に対する多くの不満を弁護士にぶつけがちです。これらの不満についても聞く姿勢を持つことは大切です。

ただし、X建設との交渉経緯をあらかじめ時系列に従ってまとめてもらうことは相談者の頭の整理にもなりますし、相談を聞くうえでも時間を有効に使うことができます。

(6)　その他関連資料一式

　交渉の窓口となっている担当者の名刺、手渡された資料等、相談に関わる一切の資料を持参してもらうことが必要です。「何を持って行っていいかわからない。」という相談者もいますが、その時は、「ご自分で判断せずに、一応関係あるものはすべて持って来てください。」とアドバイスすることが必要です。相談者に選択を委ねると、大切な資料が抜け落ちる可能性もあるからです。

2　事実関係把握の重要性

B弁護士：事実関係を正確に把握することが相談にあたっての第一歩であることは、建築事件においても同様です。客観的資料（建築物定期調査結果報告書、写真等）を参考に、「タイルの浮き」が発生している箇所や範囲を確認し、そのうえで、「浮きの原因」を調査していくことになります。

(1)　現場保存の重要性

　外壁タイルについては、経年による浮きの発生が前提とされているため、定期的な調査が義務づけられています（建築基準法12条1項）。
　タイルの浮きが経年によるものか、施工不良によるものかを判断する前提として、まず、現場保存が極めて重要になります。不用意に手

を加えるとその原因が不明確になってしまうからです。

(2) 浮きの範囲、位置、原因の調査

浮きの範囲（タイルで施工している外壁全体の何割程度に及んでいるか）、位置（東西南北のどの方向に多いか）等の調査をします。

関係書類（前記1(2)参照）も併せて検討し、経年によるものではないと判断された場合は、「浮き」の原因についてさらに調査することになります。調査方法や費用について、Ｘ建設との交渉を試みることも、場合によっては必要です。

Ｘ建設とは直接の契約関係にはないので、不法行為責任が問題となりますが、Ｘ建設に過失があることの立証責任はそれを主張する側（管理組合）にあります。

過失の内容としては、設計や施工上のミス等が考えられますが、この点については専門家（建築士）の意見を聞くことが重要になってきます。また、業界団体への問い合わせも有益です。

過失があると判断された場合、具体的には、補修に必要な金銭の賠償を請求していくことになります。

3 現地確認の必要性
―― 資料と事情聴取だけで軽々に判断しない ――

タイルの浮きがわかる写真を持参しました。Ｘ建設に責任をとってもらうためには、どうすればいいのですか。

上記のように、事実関係を正確に把握する必要があります。

まずは、現在のタイルの状況を確認することが第一です。建物全体

のどの部分に、どの範囲で、どの程度の浮きが発生しているのかを現地で確認することによって状況を客観的に見ておく必要があります。その際、主張の資料として提出することを念頭に、写真や位置図で現状把握が容易になるような工夫も大切です。

次に、図面や工事中の写真等からどのような工法で工事が行われたかを把握すること、建築物定期調査結果報告書でこれまでのタイルの状況の推移を確認する必要があります。

X建設は、温度変化による膨張収縮の繰り返しで接着力が弱まるとの主張をしているので、この点についても建築に関する専門的な知識が必要となります。

現地確認を含め、建築士や業界団体の意見を求めた方がよいと思われます。

4 責任追及の相手方

 責任追及できる相手はX建設だけですか。

建築に関与する者としては、主に設計者・施工者・監理者（6頁以下参照）がいます。

経年ではなく、X建設の過失によると判断された場合には、上記各人も併せて責任追及の相手方としておく方がよいと思います。

建築工事を行った人達の内部で責任の擦り合いをする可能性があること、建築事件では賠償額が多額になる可能性があることから、賠償能力を考えると建築に関与した人達も相手方にしておく方が支払いを担保できるからです。

第4章　マンション外壁タイルの浮き

　管理組合としては、上記三者の具体的役割や相互の関係等について当初から詳細にはわからないこともありますが、具体的な役割・相互の関係については手続の中で明らかになってくる場合もあります。

5　責任追及の方法

具体的にはどのような追及の仕方があるのですか。現実にタイルが剥落しなければ責任追及できないのですか。落下してしまったらどうなるのですか。

(1)　一般的方法
　浮いた状態の補修費用相当額の賠償を求めるのが一般的ですが、話し合いの中で補修を求める場合もあります。
　他に、落下物による人身事故が発生した場合には治療費・慰謝料、物損事故の場合には損害賠償請求が考えられます。

(2)　応急措置としての賠償請求
　緊急を要する場合の剥落防止のための費用等の請求ができる場合もあります。

89

第 2 部 事例 Q&A

6 立証責任

相手方の過失は、こちらで立証しなければならないのですか。

　不法行為責任を追及する場合、追及する側が相手方の過失を立証しなければならないというのが原則です。

　定期調査結果報告書を確認してメンテナンスの問題ではないことが明らかになれば、施工の問題である可能性が大きくなります。どのような工法を採ったのか、それが施工方法として相当であったのか、現場の施工が相当であったのか等が争点になってきます。施工計画書や図面を元に、建築士の意見を参考にしながら相手方の過失を立証していくことになります。

7 管理組合内部の手続について

今は、理事会で相談して、理事長の私がX建設と交渉しているのですが、X建設からは、「管理組合のメンテナンスの問題」との回答が出されています。今後、弁護士に依頼して交渉や法的手続をとる場合には、管理組合としてどのような手続が必要ですか。

(1) 管理規約の確認

　マンションの共用部分に関する事柄については、管理組合が管理権

限を持つことになります。紛争解決の手続上の問題を確認するために、まず、管理規約を確認することが必要になります。

　管理組合が、事件として弁護士に依頼する場合には総会決議が必要となりますが、管理規約には、そのための定足数や議決数が定められています。

　管理組合法人（建物の区分所有等に関する法律第6節）を設立している場合も同様です。

(2)　管理組合がない場合

　「建物の区分所有等に関する法律」（昭和38年4月1日施行）には、管理組合の結成についての規定がありますが（同法3条）、強行法規ではないので、まれに管理組合が存在しないマンションもあります。

　その場合は、居住者全員の合意を得て事を進めるか、新たに管理組合を結成し、管理規約を作成し、これに従って手続を進めざるをえません。

(3)　管理組合を依頼者とする場合の注意点

　多人数で構成されているため、意思統一を図ることが困難な場合があります。また、理事長も輪番制等で選任されている場合もあり、組合員をまとめていくことに消極的な場合もあります。

　そこで、書面での報告にとどまらず、理事会や総会等に出席して法的な問題点や進行状況等について質疑応答する機会を設ける等して、組合員の理解を求め、信頼関係を構築していくことが必要となります。

第3部

手　続

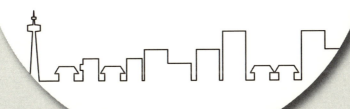

第1章

相談（事情聴取）における留意事項

 建築相談の特殊性

　建築事件の現場の多くは、日常生活を送っている生活の場です。
　そのため、否が応でも事件の現場に身を置くことになり、相談者は、建築以外の事件に比べ、法的に問題とならないような事柄まで細部にわたって訴えることがままあります。
　相談を受ける側としては、特に初回相談においては、要件事実的な部分で切り捨てることなく、一通り聞きながら、相談者が何を不安に思っているのかを把握することが必要となります。他方で法律構成を行いながら、問題点を整理していく作業が要求されることになります。

 建築物は工業製品等とは違って完全無比のものではないことに留意する

　相談者の不安をいたずらにあおるようなことは言わないようにします。例えば、「基礎の立ち上がり部分にクラックがある」「クロス壁にヒビが入っている」等の現象から、「家が壊れるのではないか」「地震がきたら耐えられないのではないか」等の大きな不安を訴える場合があります。このような訴えに対しては、相談者の不安をあおったり、あるいは、乗じたりするような発言は控えたほうがよいでしょう。
　建築物は、基本的に人の手によるものである以上、工業製品等とは

違ってそもそも完全無比を求めるべきものではないということを弁護士としても大前提として、相談者の不安に対しては共感を示しつつも、建築物のあり方については正しい理解を共通にするように努めるべきです。

 建築士との連携と注意事項

　相談者の訴えの内容が「構造的欠陥」に当たるかどうかについては、建築の専門家である建築士の意見を聞く事が必須です。
　弁護士は、法律の専門家であっても建築の専門家ではありません。建築技術については建築士の専門分野です。建築事件は、弁護士と建築士の連携のもとに処理されるべきものであることに十分留意すべきです。ただし、構造、設備が問題となるときは、それらの資格を有する建築士の協力が必要となります（1頁参照）。
　他方、法律構成及び法的評価は弁護士の専域なので、連携にあたっては、弁護士と建築士の役割分担を意識することが重要です。

 聴取事項

(1) **時系列表の作成**
　不具合の経緯や関係者とのやりとりについて、箇条書きでよいので相談者に作成してもらうことが相談者の頭の整理にもなり、相談を効率的に行うという点でも必要です。
　初回相談時に持参してもらうことができればよいのですが、事柄の複雑さ等によっては難しい場合もあるので、初回相談で一通り話しを聞き、相談者もある程度頭の整理ができた段階でということもありえ

ます。
　この時点では、作成してもらうメモの内容について細かく指示する必要はありません。相談者の記憶の整理にもなるので、基本的に自由に書いてもらいましょう。細かな記載の中に重要な事実が隠れている可能性もあります。

(2) 関係者の特定

　売主、請負人、設計者、監理者、コンサルタント（計画当初からアドバイザーとして関わる人たち）等、建築に関わった登場人物を特定してもらう必要があります。名刺等をもらっていれば、それを活用します。

(3) 現場写真の準備

　事情聴取をしながら、おおよそのイメージをつかむために必要です。
　もっとも、後に述べるように、建築事件においては、争点にもよりますが、実際に現地に足を運ぶ現地確認が極めて重要です。

 入手すべき資料

(1) 契約書

　どのような契約内容なのか（請負契約なのか売買契約なのかなど）を特定することが出発点となります。したがって、契約書は必須です。
　この契約書には内訳明細書や図面が添付されているのが通常ですが、事案によっては契約書すらなく、見積書や簡単な図面だけしかないという場合もあります。このような場合は、これらの資料から契約内容を推論していくしかありません。

第3部 手 続

(2) 確認申請書

　建築計画の内容が敷地・構造・設備の法律に適合するかどうかについて、行政の確認を取っているという証が建築確認申請書及び確認済証です。確認申請書によって、建物の概要がわかります。

(3) 図面（設計図面、施工図面、竣工図面）

　「設計図面」とは、建物建築にあたって作成される基本的な図面をいい、平面図、立面図、断面図、矩計図、仕様書などがあります。

　「仕様書」とは、材料や製品の品質・性能・施工方法などについて具体的に規定あるいは説明した文書をいいます。

　「施工図面」とは、設計図書に記載していない原寸・割り付け・施工順序・方法等を示す施工用の図面です（例えば、窓を納めるための開口寸法や、ドア枠の具体的な寸法、形状等）。設計図面を元に施工に必要な情報を汲み取り、補完して作成されるものであり、この施工図面を元に工事が行われることになります。

　「竣工図面」とは、完成した建物の現状を示す図面です。この中には、今後のメンテナンスのために必要な機械設備、空調設備、電気設備などの図面も含まれています。

(4) 工事発注書・請書

　建設業者間の実際の取引現場においては、注文書と請書の形態により請負契約が締結されている場合が多いといえます。この場合においても、建設業法19条の規定に違反しないものであることが必要です。

(5) 建築計画概要書

　建築計画概要書とは、建築基準法に規定する建築確認などがなされた建築物等について、建築物の概要（建築物の建築主、建築場所、高さ、敷地・建築・延べ床の各面積など）やその建築物の位置・配置を図示し

第1章 相談（事情聴取）における留意事項

た図面、完了検査などの履歴が記載された書面をいいます。

市役所で閲覧可能で、一定の手数料を支払えば写しの交付を受けることができます。

建築計画概要書でわかることは、建築物の概要やその建築物の位置・配置を図示した図面、完了検査等の履歴の大まかな内容であり、設計の詳細まではわかりません。

(6) 確認申請図面

確認申請書に添付される図面で注文者に副本が交付されるべきものです。

注文者が受け取っていない場合や、紛失している場合は、自治体の建築指導課、民間の確認審査機関で閲覧等ができる場合があります。

(7) 保険関係資料

保険付き住宅かどうかを確認し、保険付きであれば資料も取得します（139頁以下参照）。

(8) 住宅性能評価書

住宅性能評価は、設計図書を元に性能を評価する「設計住宅性能評価」と、その「設計住宅性能評価」に表示された性能が建設された住宅で発揮されているかを現場で検査する「建設住宅性能評価」があります。

建設住宅性能評価を受けていることを確認し、同評価書があれば取得します。

(9) 建築図面等の保存年限

ア　確認申請書、中間検査申請書、完了検査申請書、定期検査報告書、構造計算書については、15年とされています（建築基準法施行

97

規則6条の3第2項・5項)。

イ 建築物の台帳(建築計画概要書・定期調査報告概要書・処分概要書等)については、当該建築物が滅失し、または除却されるまで保存(永久保存)とされています(建築基準法施行規則6条の3第4項)。

ウ 設計図書等の保存期間については、15年とされています(建築士法24条の4第1項・2項、同法施行規則21条4項・5項)。

エ 営業に関する図書(完成図(竣工図)、発注者との打ち合わせ記録、施工体系図等)については、引渡し日から10年とされています。(建設業法施行規則28条2項)。

なお、建築後10年以上経過している建物については立証のために必要な資料が保存されていない可能性があります。

6 現地確認

一度も現場を確認せずに交渉や手続に入ることは基本的に避けた方がよいです。現地確認においては、相談者の主張の確認と共に、別の問題を発見することもあります。また、現場に立って相談者の主張を前提に、あらためて必要な角度から写真を撮ったり、ビデオを残したりすることにより、これらの写真等が重要な証拠として立証に役立ちます。

7 費用に関する説明

(1) 調査

相談者の話をそのままとらえて交渉や法的手続に入ることは望ましくありません。

第1章　相談（事情聴取）における留意事項

　欠陥を問題としている建築事件の場合、必ず現地の確認が必要となります。

　現地確認には、弁護士と建築士が行くことで、各々の立場から建築物を見ることができ、有益な情報が得られる場合が多いといえます。その場合、調査費用としてどの位かかるかを相談者に説明しておく必要があります。

(2)　事件として受任する場合

ア　弁護士費用

　着手金については、各事務所の報酬規程に基づき報酬説明をして決めることになります。

　報酬についても同様ですが、建築事件においては、細かな事象の整理等相応の時間と手間が他の事件以上にかかります。法的手続をとることになった場合には長期化も予想されます。

　報酬については、このような特殊性を考慮したうえで慎重に検討し、相談者の理解を得られるよう説明する必要があります。

イ　建築士らの費用

　法的手続を予定する場合には、建物の欠陥に関する建築士の調査報告書を作成しておくことが望ましいといえます。建築士の費用としては、他に見積書の作成や打ち合わせへの同席、調停期日への出席に要する費用等が必要になる場合もあります。また、事案によっては地質調査や騒音調査を行う必要があります。

　これらの調査に要する専門家の費用については、建築士やそれぞれの専門家に確認をとり、相談者に概要を説明しておく必要があります。

99

相手方の資力について

⑴ **相手方から現実に経済的利益を得るための調査の必要性**
　建築事件は、不動産が対象であることや建築士の協力が不可欠であることなどから、相談者にとって経済的負担が大きくなります。
　費用を使って交渉、あるいは法的手続をとっても相手方の資力の問題で結果が得られない可能性もありますので、相手方の資力（会社の規模、営業状態、自社ビルかどうか等の資産状況）等について相談者から情報を得ると共に、場合によっては相手方所有不動産の登記簿謄本を取り寄せるなどして、これを把握することが必要です。
　そのうえで、どのような手続を取るかについても相談者と協議することが必要です。

⑵ **保険付き住宅などかどうかの確認**
　相手方の資力が乏しい場合であっても、保険付き住宅など（139頁以下参照）であれば損害は担保される可能性があります。

 未払代金を払うべきか

　未払代金の支払期限が到来しているが、注文者として補修や損害賠償請求を求めたい場合、または、未施工工事がある場合、最終的な解決を待たずに先に未払代金の支払いをすべきかどうかの判断は悩ましいところです。
　最終的に、注文者の請求額の方が多い、または、残代金の支払義務がないという結論になった場合でも、一度払った代金を取り戻すというのはなかなか難しく、工事業者の無資力のリスクを注文者が負うこ

とになります。一方、注文者が代金の支払いを止めていたが結果的に相手方の言い分が認められてしまった場合、注文者は未払代金のみならず遅延損害金も併せて支払わなければなりません。工事代金が高額で解決に時間がかかれば、その分、遅延損害金の額も増えるので軽視できません。

ただし、目的物に瑕疵がある場合、請負代金の支払いと、瑕疵修補請求または損害賠償請求とは同時履行の関係にあります（民法634条2項）。

判例は、注文者は、信義則に反する場合を除き、請負人から瑕疵の補修に代わる損害の賠償を受けるまでは、報酬全額の支払いを拒むことができ、これについて履行遅滞の責任を負わない（最判平成9年2月14日民集51巻2号337頁）としています。したがって、目的物に瑕疵があり、瑕疵主張が認められる可能性がある場合には、残代金の支払いを止めておくという選択は十分にありえます。

もっとも、最終的に請負代金債務と損害賠償債務について相殺により処理をする場合、相殺後の代金残債務について相殺の意思表示をした日の翌日から履行遅滞に陥るとされていますので（最判平成9年7月15日民集51巻6号2581頁）、軽々に相殺の意思表示をすべきではありません（詳細は176頁参照）。

追加変更工事に関する相談の留意点

建築相談においては、追加変更工事に関する相談が比較的多いことから、以下に相談の留意点を記載しておきます。

(1) 追加変更工事の特殊性

建築工事請負契約の場合、着工後、工事完成までに相当時間がかか

第3部 手続

ることや、契約当初に仕様内容等をすべて決定することが困難であることなどから、追加変更工事はつきものです。しかし、口頭によるやりとりのまま工事を先行させることにより追加代金を請求されて初めてトラブルが顕在化することが多いといえます。

(2) 相談にあたって準備してもらうこと

ア 本工事の契約内容がわかる資料を持参してもらうこと

追加工事であることに争いがない場合を除き、追加代金の請求が認められるか否かの出発点は、「請求されている追加代金に対応する工事が本工事に含まれているか否か」です。

本工事に含まれるかどうかの判断は、基本的には契約書や契約時の図面を元になされることになるため、本工事の契約内容がわかる書類を持参してもらう必要があります。

具体的には、請負契約書、契約当時の図面・設計図書、契約当時の見積書、仕様書等を持参してもらうことになります。

イ 追加変更の合意内容がわかる資料を持参してもらうこと

新たになされた工事が本工事に含まれていない場合、追加代金の請求が認められるためには、追加変更合意がなされていることが必要です。そのため、このような合意がなされたかどうかがわかる書類が必要です。

追加変更工事請負契約書があれば望ましいですが、変更の都度追加変更工事請負契約書を作成していることはあまり多くありません。

契約書がない場合には、①追加変更工事のときに業者にもらったカタログ、②やりとりの際に受け取った書類や資料、見積書などを持参してもらいます。

打ち合わせ議事録があればよいのですが、これがなければ、注文者が残しているメモ等でもよいので、どういうやりとりがなされたかがわかる客観的な資料を持ってきてもらうことも重要です。

第1章　相談（事情聴取）における留意事項

(3)　相談にあたっての具体的留意点

ア　問題の所在を明確にすること

　施工された工事について、①追加工事かどうかが問題なのか、②追加工事であることは争いがないが金額が問題なのか、③そもそも頼んでいない工事を勝手に施工されたという問題なのかについては、問題の所在を明確にし、これに沿って相談者の話を聞く必要があります。

イ　本工事の内容を特定すること

　そもそも追加工事かどうかが問題である場合、本工事の内容を特定する必要があります。

　注文者は、「最初の工事金額の範囲内でやってもらえると思っていた」と不満を持っていることが多いといえます。しかし、実は、元々の契約に何が含まれていたのか、本工事の内容を特定することが難しいというケースは少なくありません。注文者が、契約図面や見積りの内容まで確認したうえで契約をしていることはまれであり、そもそも一注文者が契約図面等から本工事の内容を確認することは困難です。「元々何を頼んだのか」という注文者の説明自体が明確でないこともあります。

　まずは、注文者の認識と、契約書や契約図面・見積書との間にそごがないのかを確認する必要があります。契約内容は、当事者の合意によって決まりますが、合意内容に争いがあれば、契約書や契約時の図面、見積書等を元に判断することになるからです。そごがある場合（注文者の認識が図面・見積書に反映されていなかった場合）には、このことを前提に、契約書外の事情によって合意内容の立証が可能かどうかを念頭に置きながら、相談にあたることになります。

ウ　追加変更代金請求が認められるための要件を意識すること

　追加変更工事代金が認められるための要件は、下記のとおりです（要件について、詳細は181頁以下参照）。

103

第3部 手 続

> ①追加変更工事の合意
> ②追加変更工事金額の合意、または有償合意及び相当額
> ③工事の完成

　本来、追加変更工事の合意がなされたことの主張立証責任は、追加
代金を請求する建築業者側にあり、立証できなければ、代金請求は認
められないという結論になるはずです。しかし、実際の訴訟では、
「工事をしたということは、合意があったということだろう」、「注文
者の了解なく工事をするはずがない」という推定の下に安易に追加変
更合意が認定される傾向があるように思われます。法律上、工事内容
の変更は書面によらなければならないにもかかわらず（建設業法19条
2項）、このような傾向が、建築実務においてその都度書面化しない
という風潮を助長することになれば本末転倒です。代理人としては、
主張立証責任の所在について明確に主張すべきです。ただし、現実問
題として、客観的な資料から合意内容を明確にする作業は不可欠です。
　また、注文者が代金額について聞いていなかったと主張する場合で
も、請負契約においては、有償の合意があれば代金額の定めがなくと
も当該工事の内容に相応する合理的な代金額を支払うのが当事者の通
常の意思と解されているので、相当額については認められる可能性が
高いといえます。このことについては、相談者に対して指摘しておく
べきです。

104

第2章 処理方針決定における留意点

 契約内容等の確認

　相手方を誰にするのか、どのような請求をするのか、どの機関を利用するのか等の処理方針を決定するにあたっては、以下の内容等を確認する必要があります。

(1) 請負か売買か

　どのような請求をするかを検討するうえで、契約内容が請負か売買かを確認する必要があります。

　請負の場合には、売買と異なり瑕疵修補の請求が可能（民法634条1項・2項）です。請負では完成すると解除はできませんが（瑕疵が重大なときは取り壊し、建替が認められる場合がありますので、この場合には実質上は解除することと同じ結果になります。）、売買の場合には契約の目的を達することができないときは解除が可能となります（民法570条、566条）。

　ただし、品確法の適用がある新築住宅については、構造耐力上主要な部分等の瑕疵につき、売買でも民法634条1項・2項前段の担保責任を負うので修補請求が可能です（品確法95条）。

　構造耐力上主要な部分に瑕疵があるときは、修補請求を求めることは少ないと思われますが、雨漏りの場合には補修してもらうことも選択肢の1つです。

第3部 手続

(2) 確認申請書（図面、構造計算書等の附属書類を含む。）等の取得

契約内容は契約書に添付された図面、内訳明細書等により確定しますが、契約書にこのような図面、内訳明細書が添付されていないことがあります。

建築確認申請書は、厳密には契約内容となる設計図書とは異なりますが、他に設計図書がない場合などには、確認申請書の内容が契約内容として瑕疵判断の基準となります。また、契約上の責任を問うのは契約の相手方ですが、建築確認申請書の取得により、契約当事者とはなっていない施工業者や設計士、工事監理者が誰であるかを確認し、工事の施工や設計、工事監理に問題があるときには、同人らを不法行為責任の相手方とすることができます。

中間検査や完了検査を受けていない建物は、確認申請書のとおり、建築されていない可能性がありますが、これらの検査を受けていても必ずしも瑕疵がないことにはならないことに注意すべきです。

(3) 引渡し時期

引渡しが瑕疵担保責任期間の始期となり、この期間を徒過していないかを確認する必要があります。「引渡し」については、5頁を参照してください。

(4) 瑕疵担保責任の期間

ア 契約による期間の短縮等

請負契約につき、民法638条1項は堅固建物と非堅固建物を区別し、瑕疵担保責任の期間を5年と10年としていますが、この期間は任意規定であることから、多くは契約により引渡しから1、2年という短い期間に短縮されています。

売買契約については、買主が瑕疵を知った時から1年以内に行使

106

しなければなりません（民法570条）。瑕疵担保責任を負わない旨の特約もできますが、売主が瑕疵を知っていて告げないときは、担保責任を免れることはできません。

なお、消費者契約法8条1項5号では、消費者契約の目的物に隠れた瑕疵があるとき（請負契約の場合は仕事の目的物に瑕疵があるとき）に、瑕疵により生じた損害を賠償する事業者の責任の全部を免除する条項は無効とされています。

イ　宅建業法

売主が宅地建物取引業者の場合は、瑕疵担保責任の期間を2年以上とする特約を除き注文者に不利な特約は無効です（宅建業法40条）。

ウ　商人間の売買

商人間の売買については、瑕疵担保責任につき検査通知義務（商法526条）による制限があります。

エ　住宅の品質確保の促進等に関する法律（品確法）

新築住宅の請負に関し、住宅の構造耐力上主要な部分または雨水の浸入を防止する部分（以下「構造耐力上主要な部分等」といいます。）については瑕疵担保責任の期間は10年とされています（品確法94条）。この規定は片面的強行法規ですので、これに反する特約で注文者に不利な特約は無効です（同法94条2項）。ただし、瑕疵によって工作物が滅失または損傷した時は、滅失または損傷の時から1年以内という制限があります（同法94条3項）。

したがって、瑕疵が構造耐力上主要な部分（基礎、基礎杭、壁、柱、小屋組、土台、斜材、床版、屋根材、横架材等）に当たるか、雨水の浸入を防止する部分かを確認する必要があります。

新築住宅の売買においても、同様に構造耐力上主要な部分等の瑕疵担保責任の期間は10年となっています（同法95条1項）。この規定は片面的強行法規ですので、これに反する特約で注文者に不利な契

約は無効です（同法95条2項）。ただし、瑕疵を知った時は、知った時から1年以内という制限があります（同法95条3項）。

(5) 契約の相手方の確認

契約の相手方が、①建設業法2条3項に規定する建設業者、②宅建業法2条3号に規定する宅地建物取引業者である場合で、③新築住宅の引渡時期が平成21年10月1日以降であれば、瑕疵担保責任履行法が規定する資力確保義務（供託、保険）があります。

資力確保義務がある住宅で、構造耐力上主要な部分等の瑕疵の場合には、相手方の資力に不安がある場合にも、回収の可能性があることになります。

(6) 対象物件の確認

建設性能評価住宅（建設住宅性能評価書の交付を受けた住宅）や住宅瑕疵担保責任履行法の保険付き住宅については住宅紛争審査会のADR（123頁以下参照）を利用することが可能ですので、これらの住宅に当たるか否かを確認する必要があります。

現地の確認

建物の瑕疵が問題となっている場合には、瑕疵の判断をするにあたり、専門家である建築士の補助を得たうえで現地の建物を確認します。その際、スケール、水準器、カメラ等を持参し、傾斜、ひび割れの大きさを測り、建物の現状を写真に撮る等の必要性があります。

また、追加変更工事が問題となっている場合にも、当初の契約内容を示す設計図書等との相違がないかを確認するため、設計図書等を持参のうえ、追加変更を主張されている建物の状況を確認するための現

第2章　処理方針決定における留意点

地調査が必要となります。

　ただし、出来上がった建物の確認をしても、被覆された部分等の確認は困難が伴うため、場合により点検口を設け、建物の一部を解体する必要が生じることもあります。

　被覆された部分の瑕疵の判断等のためには、工事写真等を入手する必要もあります。

 具体的処理方針決定にあたっての検討事項

(1)　相手方の検討

　誰に対し、どのような請求が可能であるかを検討する必要があります。

　契約上の責任を問う相手方の資力等に不安がある場合には、危険を分散するため契約当事者でない施工業者や建築士等を相手方とすることも検討するとよいでしょう。

　もちろん、このような不安がない場合でも、工事の施工や設計・工事監理に問題がある場合には、施工業者や建築士を相手方とすることができます。

(2)　瑕疵の程度と請求方法及び制度利用の検討

　瑕疵の内容・程度（構造耐力上主要な部分等の瑕疵に当たるか、軽微な場合相手方に補修を依頼するか否か）を検討する必要があります。

　建設性能評価住宅と保険付き住宅の場合には、構造耐力上主要な部分等の瑕疵に当たらない場合にも、住宅紛争審査会のADRの利用が可能です（124頁参照）。

　瑕疵の程度が軽微で話し合いによる解決が可能な場合や、相手方に補修を求める場合などには同制度の利用を検討すべきです。

109

第3部　手　続

　ただし、同制度を利用することにより、時効が中断するわけではありませんので、担保責任の期間等が徒過する可能性がある場合には訴訟等の手続をする必要があります。

⑶　宅地建物取引業保証協会に対する苦情申立て

　宅地建物取引業者が宅地建物取引業保証協会（宅建業法64条の2。全国の宅地建物取引業者の約80％が加入する公益社団法人全国宅地建物取引業保証協会があります。）に加入している場合に、その資力に不安があるときは同協会に対する苦情申立てを検討するとよいでしょう。

　宅地建物取引業保証協会は、宅地建物取引業者（会員）と取引きをした相手方が、その取引きに関して生じた苦情（瑕疵に基づく修補請求や損害賠償の請求等）について解決の申出をしたときは、その相談に応じ、必要な助言・調査をするとともに、宅地建物取引業者に苦情の内容を通知し、迅速な苦情の解決をしなければなりません（宅建業法64条の5）。

　前記苦情が宅地建物取引業者の倒産等により自主解決されない場合に、宅地建物取引業保証協会が前記苦情申立てを相当と認めて損害額の認証をした場合には、弁済業務に移行し、同一の業者に対し1,000万円を限度として損害をてん補することとなります。ただし、同一の業者に対する申立てが競合した場合には、先着順にてん補されることになりますので、注意する必要があります。

⑷　仮差押え

　相手方の資力に不安があり、相手方が持っている財産を処分してしまうおそれがあるときは、訴えを提起する前にその財産を仮差押えする必要があります。ただし、仮差押えをするためには、保全債権の存在と保全の必要性を疎明する必要があります。

　場合によっては、訴えを提起してから仮差押え命令の申立てをした

第2章　処理方針決定における留意点

方が認められる可能性が高くなることもあります。

⑸　保険等の確認

　平成19年5月成立した「特定住宅瑕疵担保責任の履行の確保等に関する法律」（瑕疵担保責任履行法）により、平成21年10月1日以降が引渡し時期となる新築建物に関し、資力確保義務が課されています。

　この資力確保義務が課されている業者については、保険契約の締結や保証金の供託（以下「保険金等」といいます。）が義務付けられていますので、構造耐力上主要な部分または雨水の浸入を防止する部分の瑕疵と判断された場合には、保険金等により損害が回復される可能性があります。

111

第3章 調停手続

 申立書の作成について

(1) 争点を明確にするために主張には軽重をつけること

　総花的な主張はかえって事の本質を伝えきれない場合があります。

　依頼者の要望が強く、細かな部分についても主張しなければならない場合には、一覧表（大阪地裁第10民事部で運用されている形式。第6部巻末資料頁参照）を作成するなどしてわかりやすく伝える工夫をすると共に、主たる主張については詳細に主張する等軽重をつけることが必要です。

(2) 写真の活用

ア　建物全体の写真と問題となっている箇所の個別具体的な写真の準備

　該当箇所のみの写真では、建物のどこの部位かわかりません。建物のどの部位かを明らかにするためには建物全体の写真と個別具体的な写真を準備する必要があります。

イ　撮影位置図の作成

　誰が、どの方向から撮影した写真なのかを、撮影位置図で明確にする必要があります。

(3) 書証提出の工夫

建築事件では設計図書などを書証で提出することが多く、量が膨大になりがちです。建築事件に限ったことではありませんが、頁数の多い書証を提出する場合には、提出用の写しに頁数をふり、該当箇所にマーカーを引くなど、書面への引用や裁判所の確認が容易になるように工夫をすべきです。

2 調停手続

(1) 調停委員

民間から選ばれた調停委員2名が担当します。大阪簡易裁判所では、うち1名は建築士です。

大阪府内の他の簡易裁判所では、建築士が担当するとは限らないため、事案によっては合意管轄等も検討すべきです。

(2) 調停期日

通常は1か月に1回程度のペースで期日が入ります。

建築事件は主張内容や書証が多岐にわたりがちです。また、調停委員は、毎日裁判所に来ているわけではないので、期日までに十分に検討しておいてもらうために、主張書面や書証は余裕をもって提出すべきです。

(3) 争点整理

建築に関する技術的な意見については、建築士である調停委員の意見を参考にすべきですが、法律構成は弁護士の役割であることに十分留意すべきです。

第2部第1章の事例（35頁以下参照）に記載されているように、建築

の瑕疵を争う事案では、あらかじめ建築士の意見を求めておくことが必要です。調停を担当する建築士の意見が絶対とは限らないので、あらかじめ整理した主張について、丁寧に説明していく姿勢が大切です。

ア　建築士の関与について

代理人として、建築士の協力を求めるかどうかは、事件を処理するにあたって建築の専門的知見が必要かどうかによります。

「瑕疵」が問題となっている事件については、建築士の協力が必要です。

「追加代金」の請求が問題となっている事件についても、図面や見積りをチェックする場合には専門的な知識が必要となる場面もありますし、代金額が争われる場合には、相当な代金額について建築士の意見を聞き見積りを作成してもらう必要も出てきます。できれば、このような事案については、早い段階で建築士に相談しておいた方がよいでしょう。

イ　現地確認

文章による説明や、図面・写真のみでは、なかなか建物のイメージはつかみにくいものです。調停の段階で現地に行けば、調停委員である建築士も同行するため、現場を直接確認しながら、説明を受けたり、当事者が問題点を指摘したりということが可能になります。

現地を確認してもらうことによって問題点をよりよく理解してもらえますので、争点が明確であれば、早い段階で現地見分を求めることが大切です。

ただし、現地確認を行うことで、裁判所に何を確認させたいのかを明確にしたうえで、現地確認の要否を検討する必要があります。そのためには、ある程度争点が明確になっていることが前提となります。

追加変更工事の有無や金額の相当性のみが争点になっているのであれば、契約書面や契約図面、契約時のやりとりに関する主張立証

で足り、必ずしも現地を確認する必要がない場合もあります。

(4) 依頼者などの同席

建築事件においては、代理人が依頼者の伝えたい事柄を詳細に伝えることが困難な側面があります。依頼者によっては「自分の主張が伝わっているのだろうか」と疑念を持つ人もいることから、このような依頼者については、信頼関係維持のためにも同席が望ましいでしょう。

また、専門的な知識について十分に理解しておいてもらうために、建築士の同席も検討する余地があります。ただし、裁判所の許可及び相手方の同意は必要です。

(5) 17条決定について（民事調停法17条）

双方の主張がほぼ出尽くし、争点が明確になった段階で、裁判所は、調停が成立する見込みがない場合において相当であると認めるときは、諸事情を考慮して、当事者双方の申立ての趣旨に反しない限度で、事件の解決のために必要な決定をすることができます。決定においては、金銭の支払い、物の引渡しその他財産上の給付を命ずることもできます。

この決定については、当事者または利害関係人は決定の告知を受けた日から2週間以内に異議の申立てをすることができますが（民事調停法18条1項）、この申立てがないときは、決定は、裁判上の和解と同一の効力を有することになります（同条5項）。

 付調停について（民事調停法20条）

(1) 当事者の合意の必要性

通常訴訟が提起された場合でも、裁判所は、建築士などの専門家の

関与によって事件を処理した方が事案の性質上適当であると判断した場合は、職権で事件を調停に付することができます。

ただし、争点や証拠整理が完了した後に、調停に付す場合には、当事者の合意が必要となります。

実務上は、いずれの場合にも、調停に付する時期について裁判所から当事者に対し、意向の確認がなされています。

付調停の決定は、当事者の意向を確認の上、あくまで調停成立を目指すものですので、当時者間で激しく争っており、話し合いの余地が全くない場合に、争点整理のみを目的として付調停の決定をすることはありません。

(2)　付調停となる時期

専門的な知見を得なければ争点を確定できない事件では、争点整理前に付調停決定をします。瑕疵一覧表や追加変更工事一覧表等が概ね完成した時点で付調停にする場合もあります。

(3)　調停に付するメリット

「話し合いの余地がなく、二度手間になるので調停に付することに同意しない」との考えがありますが、下記のようなメリットも考えられます。

ア　専門的知見を活用しながらの争点整理

訴訟提起時に建築士の調査報告書を作成していない場合は、調停に付して専門家（建築士）の意見を聞くことができ、専門的知見を活用しながら争点整理を進めつつ柔軟な進行が期待できます。

訴訟手続で建築士の知見を得ようとすれば、「専門委員」としての関与になりますが、「専門委員」は、あくまで「裁判所のアドバイザー」であり、専門委員が行うのは、専門的知見の「説明」にとどまります。

第3部　手続

評価を含む説明や、それにとどまらず事件解決のために専門家の意見にわたる説明が必要な場合には、あらかじめ当事者に専門委員に対して意見を求めることの同意を得たうえで、その旨を期日の調書に記載して、専門委員に意見を求める運用が行われています。

ただし、「意見を求めるための同意」を要するため、調停において専門家（建築士）の意見を聞く方が柔軟な対処が可能です。

イ　話し合いによる解決

訴訟では話し合いによる解決が期待できなかった事件でも、調停委員を挟んで双方が協議を積み重ねることで話し合いの機運が生まれることもあります。

ウ　現実的な解決を探ることが可能

協議を重ねる中で、相手方の支払能力について見通しが立つこともありえますし、任意の履行が期待できる可能性もあります。

エ　早期解決

訴訟では上訴の可能性もあり、解決に至るまで時間もかかりますが、調停により早期解決を図ることができる可能性があります。訴訟が長引くと、訴額が高額な場合には、その分遅延損害金も加算されていくことになり、経済的にもさらに不利益を被る可能性があります。

オ　解決の柔軟性

支払時期や方法、金銭以外の解決についても柔軟に対応できる可能性があります。

不調となった場合でも、調停の過程で得られた情報を訴訟で活用することも可能です。

調停では折り合いが付かず、訴訟に戻った場合、調停段階での主張や提出した証拠などが当然に訴訟に引き継がれるわけではありません。調停委員会の意見書を訴訟事件に提出する方法としては、これを不成立調書に添付する運用が行われていますので、不成立調書

を謄写して、不成立調書ごと書証として提出することができます。

　また、不成立になる前に調停委員会の意見書が当事者双方に交付されている場合は、その写し自体を書証として提出することもできます。

(4)　民事調停法17条

　裁判所が、調停委員会の調停が成立する見込みがない場合において相当であると認められる場合に、それまでの調停の成果を反映させた調停に代わる決定（いわゆる17条決定）をする方法（前記2(5)参照）です。決定書の写しを書証として訴訟において利用することが可能です。

大阪地裁第10民事部について

　大阪地方裁判所には、建築専門部が設置されています。

　建築訴訟は、争点若しくは証拠の整理、判断をなすにあたって、専門的知見を要する事件類型です。建築専門部は、建築事件の処理に関するノウハウを蓄積しており、審理の進め方や建築士による専門的知見の導入について、通常部よりも適時に的確な審理が期待できます。

　建築における技術的事項が争点になる可能性のある場合には、専門部への配転替えを積極的に検討すべきです（43頁参照）。

　支部から本庁の専門部へ回付されるケースもあります。

5 瑕疵一覧表の作成方法

(1) 瑕疵一覧表作成の一般的留意点

ア 項目

(ア) 「現状」と「あるべき状態と根拠」

「現状」と「あるべき状態」とを区別し、「現状」は純粋に現在の状態の記載にとどめます。両者が混じると、注文者と請負人との間で、どの点が争点なのかかみ合わなくなるからです。

また、現象（雨漏りがする、床鳴りがする、など）ではなく、当該現象の原因事実（屋上の立上げ部分の防水ができていない、釘等による床の固定ができていない、など）を記載します。

(イ) 「現状」欄の証拠

書証として提出している図面や写真の証拠番号を頁数や、写真の番号まで具体的に記載します。

書証については、できる限り図面や写真等を用い、イメージがわくようにします。写真については、建物全体のどの部分に瑕疵があるのか対象を特定できるように、当該箇所のみならず、当該箇所を含む全体がわかる写真も撮影し、撮影場所や撮影方向を明示します。

(ウ) あるべき状態の「根拠」

当事者の約定に違反しているのか（約定違反）、建築基準法その他の法令に違反しているのか（法令違反）、社会通念上求められる施工水準を満たしていないのか（施工水準）を明確にします。

(エ) 補修費用

瑕疵を補修するために必要な工事内容を具体的に記載します。

施工者側からすると、瑕疵に当たらないという主張であれば補修費用の主張は行わないということになるでしょうが、場合に

よっては、「仮に」補修をするとすれば、という限度で主張をすることも検討します。

イ　一覧表全体について

審理の進行に応じて、双方が一覧表を加除修正していくことがあります。その場合には、加筆訂正箇所がわかるように、色分けをするなどの工夫をします。

また、申立人と相手方の主張に対するそれぞれの反論が交互になされていく場合には、最終の反論がいつなのかを明確にするために、日付も明記しておく必要があります。

第6部巻末資料を参照してください。

(2)　追加変更工事一覧表

追加工事一覧表の具体的記載例については、第6部巻末資料を参照してください。

　和解時における留意事項

(1)　調停条項（和解条項）案作成に際しての留意事項

補修工事を実施する内容での和解が成立する見込みの場合、調停条項としては、補修工事の内容や時期の特定などを明確に記載する必要があります。特定のためには、工事範囲、工事内容・方法、使用資材などの図面や一覧表を別紙として添付します。

調停成立に先立って補修工事を実施することもありえます。その場合は、補修工事の実施状況について、補修内容を示す図面及び実施状況の写真を別紙で添付して、補修工事完了の確認をすることになります。

第3部 手続

(2) 依頼者への確認等

調停条項（案）をあらかじめ作成し、依頼者へ確認してもらうことが必要です。その際、依頼者に確認してもらったことが残るように、書面でのやりとりをしておくことがよいでしょう。

また、和解は、当事者双方の譲歩による解決方法であるため、和解後に不満が残る場合もありえます。特に住宅に関する建築紛争は、当事者にとって日々の生活の場そのものに関する紛争であることがほとんどです。その紛争の解決において100パーセント満足できる解決が望めない限り、和解成立後も不満が残る可能性は多々ありえます。和解時には、よほどの理由がない限り依頼者にも同席してもらって、依頼者自身に和解応諾の意思表示をしてもらうことが、後日の紛争の蒸し返しを防ぐためには必要と思われます。

第4章 建物を巡る紛争の裁判外紛争解決手続（ADR）

1 ADRとは

ADRとは、裁判外で公正な第三者が関与して民事上の紛争解決を図る手続です。

「裁判外紛争解決手続の利用の促進に関する法律」（ADR法）において、民間紛争解決の業務は、法務大臣が認証した民間団体の機関（認証紛争解決事業者）であって、団体は各分野の専門家で構成し、専門家の知見を活用して紛争の実情に即した迅速な解決を図ることを目的としている民間紛争解決機関として規定されています。

ADRのメリットとしては、認証紛争解決事業者の取り扱う業務については時効中断効、訴訟手続の中止、調停前置に関する特則が認められることです。

ADRのデメリットとしては、債務名義としての効力が認められない点があります。

> **COLUMN　法務大臣の認証**
>
> ADR法は、ADR機関がADR手続を行うのに必要な知識・能力等を備えている場合、法務大臣から認証を受けることができることとしています。そして、その利用を促進するために、時効中断効、調停前置の特則、訴訟手続の中止などの効力を認めています。
>
> ただし、弁護士会におけるADRは、一定の知識・能力が確保されて

第3部 手 続

いるとして、必ずしも認証を受ける必要がなく、ADR機関として設置することが可能となっています。ただし、その場合には、時効中断効などの特則の適用はありませんので注意が必要です。
　なお、各弁護士会に設置されている住宅紛争審査会は、品確法上のADRであり、ADR法に基づく認証を受けた機関ではありません。

2　建築紛争に関係するADR機関

　建築紛争に関係するADR機関として、①住宅紛争審査会、②公益社団法人民間総合調停センター、③国民生活センター紛争解決委員会、④建設工事紛争審査会などがあります。
　それぞれの機関のメリット、デメリットをまとめると以下のとおりです。

(1)　住宅紛争審査会を利用する場合

【メリット】
　ア　建築紛争関係に詳しい法律専門家としての弁護士と、建築技術の知見を有する一級建築士とによる、あっせん・調停・仲裁の申立てが可能です。
　イ　手続は非公開で、プライバシーや営業の秘密が守られます。
　ウ　紛争処理委員が必要と認めた場合、鑑定費用の当事者の負担はありません。
　エ　現地調査実施の費用負担はありません。
　オ　費用は申立時に1万円のみです。
　カ　裁判手続より短期解決の実績（原則5回程度の期日での解決

124

第4章　建物を巡る紛争の裁判外紛争解決手続（ADR）

を目指しています。）があります。

【デメリット】

ア　建設住宅性能評価を受けている住宅か、保険付き住宅のみが利用可能です。

イ　時効中断効がありません。

ウ　あっせん・調停が成立した際に作成される和解書に債務名義としての効力がありません。

エ　呼び出しに強制力はなく、被申請人が呼び出しに応じない場合は、申立費用1万円が無駄になります。

(2)　公益社団法人民間総合調停センターを利用する場合

【メリット】

ア　管轄の定めがなく、かつ、どのような民事紛争でも申立てが可能です。

イ　和解あっせん人として、弁護士と紛争分野に応じた専門家、例えば建築士、土地家屋調査士、不動産鑑定士などの合計3人が関与します。

ウ　和解あっせん名簿の中から、担当者の希望を申し出ることが可能です（必ず希望がかなうとは限りません。）。

エ　法務大臣認証機関として時効中断効、訴訟手続の中止、調停前置の特則の適用があります。

オ　費用は申立時に1万円、和解成立手数料も紛争解決額が500万円未満の場合最大3万円です。

カ　短期間での解決（事案にもよりますが3回、3か月程度での解決）を目指しています。

【デメリット】

ア　成立文書に債務名義としての効力はありません。

イ　呼び出しに強制力はなく、相手方が呼び出しに応じない場合は、申立費用1万円が無駄になります。

第3部 手 続

(3) 国民生活センター紛争解決委員会を利用する場合

【メリット】

 ア 専門的知識を有する仲介委員が、中立的かつ公正な立場で手続を行います。

 イ 手続は、紛争内容や当事者の状況に応じて、非公開で、電話、書面、面談など多様な方法で進めることが可能です。

 ウ 手続費用は無料です。

 エ 迅速な解決（長くても4か月以内に手続が終了するよう尽力します。）を目指しています。

 オ 申立てに対しては、認証機関としての時効中断効などの効力が認められます。

【デメリット】

 ア 重要消費者紛争を扱いますので、事案によっては必ずしも利用できるとは限りません。該当するかどうか不明な場合は、紛争解決委員会の問い合わせ窓口に確認する必要があります。

 イ 一定の場合、紛争解決委員会が結果の概要を公表します。

 ウ 成立文書に債務名義としての効果はありません。

(4) 建設工事紛争審査会を利用する場合

【メリット】

 ア 建設工事請負契約に関する紛争を簡易迅速に解決することを目指しています。

 イ 個人住宅、マンション、ビル建築工事ほか、取扱い範囲が広いです。

 ウ 委員は法律委員、技術委員、行政経験者から構成されます。

 エ 申立てに対しては、認証機関としての時効中断効などの効力が認められます。

第4章　建物を巡る紛争の裁判外紛争解決手続（ADR）

【デメリット】
　ア　費用は、あっせん・調停・仲裁の申立て内容により異なり、訴訟提起するより高額となる場合があります。例えば、調停申請の場合、100万円までの申立てで印紙は2万円、その他通信費などが必要となります。
　イ　紛争当事者の建設業者が、国土交通省許可業者である場合と、都道府県知事許可業者である場合とで管轄が異なります。ただし、管轄合意を添付して管轄を選ぶことは可能です。
　ウ　成立文書に債務名義としての効果はありません。

 ADRの利用に適した事案例

　ADRの活用に際しては、専門家の知見を活用して可能な限り迅速かつ柔軟な紛争解決を期することが可能という点に着目することになります。
　例えば、法律上・建築上の主張に関し、立証面での限界がある紛争や、補修工事を実施したうえでの解決を目指しているケース、裁判までする経済的・精神的負担には耐えられないが専門家のアドバイスを受けて相互に一定の譲歩を確保することでクレームの解決を図りたいケースなどについて、ADRの利用を検討するメリットがあります。
　解決の方向として、注文者は、公平な専門家である第三者に十分に話を聞いてもらい、疑問点に対して丁寧な説明を受けることで、納得できる部分を見出し、業者は、説明義務の不十分な点や、不適当な工事部分等について第三者である建築士から指摘を受けることで、注文者と業者相互の譲歩を引き出す可能性を探ることが期待できることに

第3部 手 続

より、紛争の解決が期待できます。

(1) 具体的な事案例1

注文者が高齢者であって、バリアフリーのリフォーム工事を依頼したが、請負契約書や詳細な見積書は作成されておらず、契約した工事内容の確定は難しい。しかし、注文者の言い分にはそれなりの理由があり、一定の法的な救済の必要性と可能性は見込める。

けれども、訴訟を維持するには、費用面や証拠面で制約があるので訴訟まではしたくないと注文者は考えている。

注文者の解決に向けての希望は、クーリング・オフではなく小規模な補修工事の実施であるケース。

(2) 具体的な事案例2

注文者が新築した住宅の不具合について、施工業者と相当の期間、交渉をしてきたが話し合いが進まず、注文者の業者に対する信頼関係が損なわれており、それ以上の当事者同士での交渉の目処がつかない状況に陥っている。

かといって、裁判をしても主張が認められる可能性が不明なので、注文者としては、建築専門家の意見に従った適切な補修の実施と謝罪を求めたいと考えている。

(3) 具体的な事案例3

施工業者としては、工事に瑕疵はないと確信はしているものの、納得しない注文者からのクレーム対応の一手段として、公平

128

第4章　建物を巡る紛争の裁判外紛争解決手続（ADR）

な専門家からの説明により注文者に納得をしてもらうことを期待
し、多少の金銭的解決ないしサービス工事の実施についての譲歩
に応じる意向をもって、専門家調停委員の調整を期待して申し立
てるケース。

第5章 訴訟手続

 事件の係属

　建築事件については専門的知識を要するため、建築専門部を設けている裁判所もあります（大阪地裁第10民事部、東京地裁民事第22部）。

　大阪地裁では、次のような事件を、建築・調停部が集中して担当する建築関係事件と定め、第10民事部で取り扱っています（大阪地裁ウェブサイト「大阪地方裁判所第10民事部（建築・調停部）について」参照）。

---

①建物に関する
　・設計、施工、監理の瑕疵の有無
　・工事の完成の有無
　・工事の追加変更の有無
　・設計、監理の出来高の有無
に関する請負代金（設計料、監理料を含む。）請求訴訟
②建物の
　・設計、施工、監理の瑕疵
　・工事の未完成
を原因とする損害賠償請求訴訟
③建物修繕ローンに関する立替金請求訴訟

　建築専門部を設けていない裁判所であれば、建築事件であっても通

131

第3部 手続

常部が取り扱うことになります。ただし、千葉地裁、札幌地裁では建築事件を取り扱う集中部が設けられています。

また、建築専門部を設けている裁判所でも、配転の段階で、瑕疵や工事の追加変更等が問題となっていないような請負代金請求事件（単純な未払等）であれば、専門部ではなく、通常部に係属することもあります。

 専門部における審理のメリット

建築訴訟は、争点若しくは証拠の整理、判断をなすにあたって、専門的知見を要する事件類型です。

建築専門部は、建築事件の処理に関するノウハウを蓄積しており、審理の進め方や建築士による専門的知見の導入について、通常部よりも適時に的確な審理が期待できます。

建築における技術的事項が争点になりそうな場合には、専門部への配転替えを積極的に検討すべきです。支部から本庁の専門部へ回付されるケースもあります。代理人から専門部への配転替えを求めることも検討すべきです。

 建築士の関与

(1) 専門的知見の必要性

代理人として、建築士の協力を求めるかどうかは、事件を処理するにあたって建築の専門的知見が必要かどうかによります。

「瑕疵」が問題となっている事件については建築士の協力が必要ですが、「追加代金」の請求が問題となっている事件については、契約

内容の問題であるとして、建築士に協力を依頼せずに弁護士のみで事件を進めるということもあります。

しかし、図面や見積りをチェックする場合には専門的な知識が必要となる場面がありますし、代金額が争われる場合には、相当な代金額について建築士の意見を聞き、見積りを作成してもらう必要もあります。

その意味で、早い段階で建築士に相談しておく方が円滑な訴訟遂行を期待できます。

⑵　**建築士の調査報告書について**

現地の状況を写真で特定し、不具合現象の原因及びそれが瑕疵に当たる理由をまず明記する必要があります。そのうえで、損害賠償請求額の根拠資料として、補修方法及び補修のための見積りも記載してもらうことになります。

ただし、主張の骨組みを作るのはあくまでも弁護士ですから、骨組みに合わせて報告書を作成してもらう必要があります。

裁判所の鑑定

立証が不足する場合、裁判所が選任する鑑定人の鑑定を利用する場合があります。

鑑定料は原則として申し立てる側が納めることになりますが、相当高額です。裁判所からは費用の予納を命じられ、予納がないときは鑑定しないことがあります。

予納金に関する相手方との交渉は納付前に行われます。

判決が出たときに、訴訟費用として負担割合が決められます。

大阪地裁では、近時、鑑定に要する費用が高額となることから、鑑

定は減少し、調停に付する傾向にあります。

5 訴訟提起にあたっての準備活動

(1) 瑕疵の特定

ア 可能な限りの調査の必要性

目に見えない部分（構造耐力上主要な部分）の瑕疵については、点検口を設ける等してできる限り確認する作業が必要となります。

例えば、筋違いの不備などについては、1～2箇所確認しただけでは他の部分にも同様の瑕疵があるとの主張は困難です。事案にもよりますが、瑕疵が全体に及んでいるという推測が成り立つくらい、できる限り多くの箇所を調査することが必要です。

保険付き住宅であれば、保険会社側の建築士が工事中に見に行っていますので、そうでない住宅よりも瑕疵の存在する確率は低いと考えられますが、何らかの現象が出ている場合は、できる限りの確認作業をすべきです。

イ 瑕疵の特定にあたって必要な作業内容

(ア) 現地確認の必要性

現象の確認、場所の特定、瑕疵に当たるかどうか、当たるとしてその理由などを現地において建築士から説明を受け、共に確認する必要があります。

(イ) 建築士との協議

弁護士が、瑕疵の有無・瑕疵の種類について徹底的に建築士に確認する必要があります。

法令上の瑕疵なのか、技術上の瑕疵なのか（仕様書どおりになっていない、単なる美観上の問題にすぎないのか、など）を検討する必要があります。

事実を拾い上げて法律構成を行うのはあくまで弁護士であることに留意し、要件事実的に整理するために瑕疵一覧表（第6部巻末資料参照）を作る前提で協議する必要があります。

美観上のものは、ADRを利用することも検討すべきです（123頁以下参照）。

(2) 瑕疵一覧表作成にあたっての注意点

ア 軽重をつける

依頼者との信頼関係維持のためにも、法的には取り上げられる可能性の低い詳細な部分まで主張しなければならない場合もあり、それらを瑕疵として一覧表の項目に載せるのはやむをえない部分もありますが、軽重を考えた作成を念頭におくべきです。総花的な一覧表では、争うべき重大な瑕疵がぼやけてしまいかねません。

イ 主張書面や建築士の報告書を貼り付けるようなやり方は避ける

このような記載方法は、主張整理という一覧表の目的を果たせていないことになります。

主張したいことが抜け落ちるという心配があれば、準備書面や建築士の報告書の該当箇所を頁数等で引用しておきます。

ウ 法令の根拠条文、告示等の引用、最終作成日の記載

瑕疵の主張の根拠となる法令（民法や建築基準法など）や、告示（建設省告示など）を引用することが必要です。

エ エクセル使用

瑕疵一覧表は紙だけでなく、データとしても裁判所に提出を求められます。裁判所でもデータとして利用することとなるので、数字の入力となる損害額等については半角文字で入力します。

第3部 手 続

 専門委員（民事訴訟法92条の2）

(1) 専門委員の役割

訴訟から調停に付されたが調停不成立となった場合、訴訟に戻って専門委員を手続に関与させることがあります。

専門委員の役割は、専門知識を補うだけで、自己の意見を話すことは許されていないため、専門委員に対しては知見に基づく説明しか求めてはいけないことになっています。

(2) 当事者の合意は不要

争点整理手続や証拠調べ手続に専門委員を関与させることについては、付調停（民事調停法20条）と異なり、当事者の同意を得ることは要件とされていません（民事訴訟法92条の2第1項前段・2項前段）。

ただし、大阪地裁第10民事部では、当事者が反対した場合、これを無視して関与させるという運用にはなっていません。

(3) 専門委員の関与に関する注意点

ア 訴訟進行上の注意点

裁判所から、専門委員に入ってもらって手続を進めていいかという打診があった場合、上記(1)の専門委員の役割について十分に認識しておく必要があります。

なお、大阪地裁第10民事部では、評価を含む説明や、事件解決のために専門家の意見にわたる説明が必要である場合には、あらかじめ当事者に専門委員に対して意見を求めることの同意を得たうえで、その旨を期日の調書に記載して、専門委員に意見を求める運用を行っています。

イ　専門委員の意見が証拠となる場合について

　専門委員はあくまでも専門知識を補う限度での利用ですので、当事者が同意しない場合は、その意見を証拠としては利用できません。

　しかし、当事者の同意を得て専門委員の意見を証拠とする場合は、裁判官はその意見を心証形成に利用する場合があります。

 鑑定人

　瑕疵等について裁判所の鑑定によった場合には、不明点や疑問点を確認するのは、鑑定人尋問によることなく、鑑定人に意見を求める申立てを行う方向で運用されています。まず，鑑定事項を当事者双方で確認し，鑑定人を選ぶことになります。鑑定人尋問は法廷で当事者双方立会いのもとに行われますが，法廷での尋問を行わずに鑑定人の意見を求めるという形で運用されている場合が多いといえます。

　鑑定人の意見を求める場合は，その旨の申立てを書面で行い，書面で回答を受けることになります。この回答が不十分なときはさらに申立てを行うことになりますが，これに対して鑑定の補充書が鑑定人から提出される場合もあります。

 裁判所の判断傾向

(1)　構造耐力上主要な部分について

　品確法の定める構造耐力上主要な部分（品確法施行令5条1項）の瑕疵に当たると判断されたときには、場合により、取り壊し建て替えに相当する損害賠償を認めることがあります。

(2) 契約内容と現状が異なる場合

契約内容と現状が異なる場合、直ちに損害賠償請求ができるわけではありません。異なること（例えば、クロスの色や柄の違いなど）によって、どのような損害が発生したかを立証する必要があります。

9 尋問の注意点

建築訴訟においては、専門的な知見は、尋問前に既に提出されている証拠等で明らかになっていることが多いといえます。尋問手続で、契約締結に至る経緯や工事中のやりとりなどといった事実経過が、契約内容の立証のために重要となるケースが少なくありません。

尋問を行うにあたっての注意点は、一般の事件と基本的には変わりません。

①主張する契約内容については、証拠等で立証が不十分なところや足りないところに重点をおいて尋問を行います。

②提出された証拠間で矛盾するところはないかを考えて準備を行います。

③尋問を組み立てるうえで、建築士の助言等が必要となる場合もあります。

④相手方に対する反対尋問では、提出されている証拠で相手方の主張と矛盾する証拠等につき相手方に尋問します。

第6章

保険等

  「住宅の品質確保の促進等に関する法律」(品確法)

　平成12年4月に施行され、請負契約若しくは売買契約により新築住宅(新たに建設された住宅でまだ人の居住の用に供したことがないものをいいます。ただし、建設工事の完了から起算して1年を経過したものを除きます。)を取得した場合に、住宅の構造耐力上主要な部分または雨水の浸入を防止する部分(以下「構造耐力上主要な部分等」といいます。)の瑕疵については10年間の瑕疵担保責任(特定住宅瑕疵担保責任)を負うことが規定されました。

  「特定住宅瑕疵担保責任の履行の確保等に関する法律」(瑕疵担保責任履行法)

　平成17年11月に発生した構造計算書の偽装問題(いわゆる姉歯事件)が契機となって平成19年5月、瑕疵担保責任履行法が成立し、引渡時期が平成21年10月1日以降の新築建物に関し資力確保義務(瑕疵担保保証金の供託か保険契約の締結をする義務)が規定されました。
　この資力確保義務を負うのは、建設業法2条3項に規定する建設業者及び宅建業法2条3号に規定する宅地建物取引業者(以下「建設業者等」といいます。)ですので、これ以外の者との請負契約や売買契約は対象とはなりません。

第3部 手 続

(1) 建設業者等が供託すべき保証金

　建設業者等は、新築された住宅に瑕疵があればその補修をする責任がありますが、この責任が建設業者等の破産等で果たされなかった場合に備え、あらかじめ建設若しくは売却された新築住宅の戸数に応じ、2,000万円ないし120億円の範囲で法務局に供託すべき保証金の基準が定められています（瑕疵担保責任履行法3条2項・11条2項、同法施行令1条・4条）。

　多くの住宅メーカーがこの保証金の供託を採用しています。

(2) 建設業者等が締結する保険契約

　建設業者等が保険料を支払うことにより、これら業者が瑕疵担保責任を果たした場合に、この損害をてん補するのが原則となっています。ただし、発注者若しくは購入者（以下「発注者等」といいます。）が請求したにもかかわらず、建設業者等が相当の期間を経過しても瑕疵担保責任を履行しない場合には、直接保険会社に損害のてん補を請求することができます（直接請求）。

(3) 損害をてん補するための保険金額

　損害をてん補するための保険金額は、瑕疵担保責任履行法2条5項3号・6項3号で2,000万円以上とされており、てん補率は、建設業者等が請求する場合には80％ですが、発注者等が直接請求する場合は100％です。

　保険料は、個々の保険法人が設定しますが、戸建て住宅では7～8万円程度で、保険金の上限金額は2,000万円（オプションで2,000万円超もあります。）となっているようです。

　また、保険期間は引渡し時より10年、免責金額は10万円となっています。

　なお、建設業者等に故意・重過失がある場合には保険金は支払われ

140

ませんが、倒産等により建設業者等が損害賠償責任を果たさない場合には、支払対象となります（瑕疵担保責任履行法施行規則1条2号イ）。

(4) 住宅瑕疵担保責任保険法人

　瑕疵担保責任履行法17条により、瑕疵担保責任保険を引き受ける住宅瑕疵担保責任保険法人として、①株式会社住宅あんしん保証、②ハウスプラス住宅保証株式会社、③株式会社日本住宅保証検査機構、④株式会社ハウスジーメン、⑤住宅保証機構株式会社の5法人が国土交通大臣により指定されています。

　これらの法人は、瑕疵発生を防止するための住宅検査（3階建て以下の住宅の場合には第1回検査は基礎配筋工事完了時、第2回検査は躯体工事完了時または内装下地張り直前の工事完了時に実施されます。）と一体的に保険の引き受けを行っており、保険金の支払い対象となるのは補修費用、調査費用、仮住居・転居費用等です。

 ## その他の保険

　瑕疵担保責任履行法の資力確保義務の対象とならない新築住宅以外の請負契約や売買についても、リフォーム瑕疵保険、大規模修繕工事瑕疵保険、既存住宅売買瑕疵保険等の保険が締結されている場合があり、民法上の瑕疵担保責任に係る保険契約が締結されていることも考えられます。

　このような保険契約が締結されていれば、保険契約の内容によりますが、損害がてん補される可能性があります。

　また、建物の売主が宅地建物取引業者であり、同業者に請求しても、瑕疵担保責任を履行しない場合には、同業者が加入する宅地建物取引業保証協会に苦情を申し立てることも可能です（宅建業法64条の5）。

第3部　手　続

　前記苦情の申立てにつき、宅地建物取引業保証協会の認証を受けれ
ば、同一業者に対し1,000万円を限度として損害のてん補を受けるこ
とができますが、苦情の申立ての順番でてん補されますので、早い者
順ということになります。

第4部

具体的問題類型

第1章 請負（新築）契約の場合
――注文者の側からの責任追及――

 請求の法律構成

　注文者の側から責任追及する場合、その法律構成としては①瑕疵担保責任、②債務不履行責任、③不法行為責任が考えられます。

　どの法律構成をとるべきかは、請求の相手方、請求の時期、請求内容により異なるため、事実関係と依頼者の目的などをよく確認して法律構成を決めることになります。

　請求の相手方としてまず考えられるのは、請負契約の相手方である請負人等、直接売買関係にある者です。契約関係にある者に対しては①瑕疵担保責任、②債務不履行責任、③不法行為責任の責任追及が考えられます。一方、契約関係にない者に対しては、③不法行為責任の追及を考えることになります（後記(1)で詳述します。）。

　また、請求の時期については、建物が「完成」しているか否か（後記(2)アで詳述します。）、瑕疵担保責任の除斥期間が経過しているか否か、不法行為責任の消滅時効が成立しているか否かを検討することになります（後記(2)イで詳述します。）。

　そして、請求内容については、①仕事の完成、②修補請求、③損害賠償を検討することになります（後記(3)で詳述します。）。

　なお、実務においては、①瑕疵担保責任、②債務不履行責任、③不法行為責任の責任追及を選択的に主張することが多いといえます。

143

第4部　具体的問題類型

（1）　**責任追及の相手の選択**[1]

　債権回収が実現できるか否かという観点からも、責任追及を誰に対して行うかの検討は非常に重要です。契約責任以外にも不法行為責任に基づく損害賠償を肯定する判例もあります。契約関係の有無にとらわれず、資力のある者も当事者とする構成を検討する必要があります。

ア　契約関係にある者

　責任追及の相手方としてまず考えられるのは、注文者と契約関係にある者です。

　請負契約の契約責任として、請負人に対して、建物完成前は債務不履行責任、建物完成後は瑕疵担保責任を追及することになります。

　また、注文者が、建築士と設計・監理業務委託契約を締結している場合において、建物に瑕疵があり、その瑕疵が設計・監理を行った建築士の故意・過失に基づく場合は、当該建築士に対し債務不履行責任を追及することを検討します。

　さらに、別途コンサルタント契約がある場合は、コンサルタント業者への責任追及も検討の余地があります。

　なお、後述する一連の別府マンション事件判例のうち、最二小判平成19年7月6日（第一次上告審、民集61巻5号1769頁）では、建設された建物につき「建物としての基本的な安全性を損なう瑕疵」がある場合には、不法行為責任が成立する可能性を認めていますが、この判例の射程については、第三者である注文者から建物の譲渡を受けた者のみならず、契約主体である注文者にも及ぶとの解釈が有

---

1) 松本克美＝齋藤隆＝小久保孝雄編『専門訴訟講座2　建築訴訟』（民事法研究会、第2版、2013年）
　　田中峯子編『建築関係紛争の法律相談』（青林書院、改訂版、2008年）
　　東京弁護士会弁護士研修センター運営委員会編『弁護士専門研修講座　建築紛争の知識と実務』（ぎょうせい、2011年）
　　小久保孝雄＝德岡由美子編著『リーガル・プログレッシブ・シリーズ　建築訴訟』（青林書院、2015年）
　　日本弁護士連合会消費者問題対策委員会編「欠陥住宅被害救済の手引」全訂三版（民事法研究会、2008年）

144

第1章　請負（新築）契約の場合—注文者の側からの責任追及—

力です。契約の相手方に対しては、契約責任と並んで不法行為責任を追及することは一般的であるといえます（選択的併合）。

イ　直接契約関係にない者

契約関係にない者に対する責任追及は、不法行為によらざるをえません。例えば、請負人（施工業者）が依頼した建築士や名義貸しをした建築士、下請け業者、部材供給者、建築確認検査機関などが、相手方として考えられます。

ウ　複数の者を相手方にする際の留意点

複数の者を相手に責任追及する場合、相手方相互間の責任関係にも気を配る必要があります。

例えば、請負人（施工業者）と工事監理を行った建築士が、損害賠償義務を負担する場合には、両者の関係は不真正連帯債務の関係となります。そのため、注文者は、請負人及び工事監理者のいずれに対しても損害の全額の賠償を請求できます。

逆に、請負人あるいは工事監理者のいずれか一方から全額の弁済を受けた場合や、債権相当額につき相殺の意思表示をされた場合には、注文者が他方に対し有する債権も消滅します（絶対効）。

時効関係では、不真正連帯債務者の一方の債務に関し消滅時効が完成しても、他方の債務には影響はありません。不真正連帯債務者のいずれか一方に対する裁判上の請求は、他方の債務の消滅時効の中断とはなりません（相対効）。

これに対し、除斥期間については、以下のような裁判例があります。

事案は、注文者が、それぞれ直接契約関係にあった請負人及び監理者である建築士を共同被告として、建物の引渡し後2年以上経過した時点で発見した数個の瑕疵を理由に、①請負人に対しては、請負契約の債務不履行または瑕疵担保責任（契約で瑕疵担保期間は2年と定められていました。）を、②監理者に対しては、監理契約の債

145

務不履行を理由に、損害賠償を請求したというものです。

　東京地判平成 4 年12月21日（判時1485号41頁）は、請負人の責任について除斥期間の経過を理由に否定し、さらに監理者の責任に関しても、監理契約の法的性質を準委任契約としたうえで（消滅時効は民法で10年、商法で 5 年です。）、監理の補充的性格、立証の困難性等を理由に、工事瑕疵に関する監理者の責任も（除斥期間経過による請負人の責任の消滅と）同時に消滅するとして、監理者の責任も否定しました。

　この裁判例に関しては、上述の不真正連帯債務者の一部について消滅時効が完成した場合には他方の債務者には影響しない（相対効）という考え方とは矛盾し、批判も多いところですが、注文者側の代理人となる場合には、注意が必要です。

(2)　請求の時期からの選択

ア 「完成」の前か後か

(ア)　請負の瑕疵担保責任は債務不履行責任の特則

　請負において仕事の目的物に瑕疵がある場合、請負人の担保責任の規定が設けられています（民法634条）。

　請負人は、仕事完成義務を負っており、仕事の目的物に瑕疵があれば、仕事完成義務の不履行であるといえるため、請負人の瑕疵担保責任の規定は、債務不履行責任の特則であると解されています。[2]

(イ)　請負の瑕疵担保責任の規定の適用は仕事完成後

i　分岐点は仕事の「完成」

　請負の瑕疵担保責任の規定は、仕事が完成した場合に適用されるものとされています。つまり、いったん仕事が完成すれば、そ

---

2)　小久保＝徳岡・前掲注 1 ）183頁、遠藤浩他編『民法(6)契約各論』218頁（有斐閣、第 4 版増補補訂版、2002年）

第1章　請負（新築）契約の場合—注文者の側からの責任追及—

れが不完全なものであっても、請負人は瑕疵担保責任のみを負い、債務不履行責任を負いません[3]。

ⅱ　仕事の完成とは[4]

　仕事が完成したかどうかの判断基準について、「請負契約が途中で廃され、予定された最後の工程を終えない場合は、工事の未完成に当たり、請負工事が予定された最後の工程まで一応終了し、ただそれが不完全で修補を要するときは、完成ではあるが、仕事の目的物に瑕疵がある状態にある。」とする裁判例があります（東京高判昭和36年12月20日判時295号28頁、東京高判昭和47年5月29日判時668号49頁等）[5] [6]。

3）東京高判昭和47年5月29日判時668号49頁、山地修「請負人の瑕疵担保責任における「瑕疵」概念について」判夕1148号10頁
4）平田厚「建築請負契約における「完成」概念と「瑕疵」概念」明治大学法科大学院論集(7)183頁-222頁参照
5）松本＝齋藤＝小久保・前掲注1）635頁
6）完成を肯定する裁判例として、東京高判昭和47年5月29日判時668号49頁のほかに、東京地判昭和57年4月28日判時1057号94頁、山形地新庄支判昭和60年2月28日判時1169号133頁等があります。
　完成を否定する裁判例として、東京地判昭和48年7月27日判時731号47頁、横浜地判昭和50年5月23日判夕327号236頁等があります。
　仕事の完成の判断基準については、各判例で微妙に異なります。例えば、前掲東京地判昭和48年7月27日は、建築基準法上適法か否かも、完成の有無の考慮要素とするとしています。

147

建築実務上の「完成」をどう考えているか

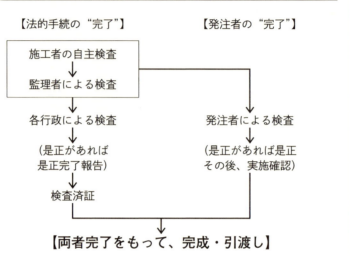

「完成」が争われる場面

　金融機関の融資によって代金を調達する場合、金融機関は、登記や法的な完了検査がなされていれば融資に応じる場合が多いといえます。一方、本来は設備の作動確認（例えばクーラーの試運転）や外構工事等を行ったうえで注文者の完了確認をし、「完成」となりますが、設備の作動確認や外構工事が未了であっても、法的なチェック（完了検査）は可能です。そこで、融資を急ぐために、設備の作動確認等は後回しにし、完了検査を先行して検査済証を得てしまうということがあります。

　また、注文者の仮住まい先の賃貸借契約期間が満了してしまうため、工事未了の箇所があっても、取り敢えず鍵の引渡しを受けて入居してしまうという場合もあります。

　このような場合、「完了検査と注文者の受取証があるから工事は『完成』している」と主張する施工業者と、「不備が是正されていない以上

第1章　請負（新築）契約の場合―注文者の側からの責任追及―

『完成』していない」と主張する注文者との間に、争いが生じることがあります。

　こういった争いを生じさせないためには、施工業者と注文者とで手直し工事及び残工事の内容を確認して書類に残しておくことが重要です。そのうえで、例えば、注文者が受取証を作成する場合であっても、「ただし、手直し事項を完了したときに完成とする。」という書面に双方のサインを得ておくなどの方法です。

イ　除斥期間・消滅時効

　民法上、担保責任の存続期間は、原則として、仕事の目的物の引渡時から1年、引渡しを要しない請負は仕事終了時から1年（同法637条）です。土地の工作物の請負の場合、①土地の普通の工作物または地盤の瑕疵については引渡し後5年、②石造・土造・煉瓦造・コンクリート造または金属造の工作物については10年です（同法638条1項）が、瑕疵によって工作物が滅失・毀損したときは、注文者は滅失・毀損の時から1年以内に瑕疵修補請求や損害賠償請求をしなければなりません（同法638条2項）。

　ただし、土地の工作物の瑕疵に関する担保責任の存続期間は、実際には特約で短縮されていることが多いといえます。例えば、民間の大型工事で広く用いられている民間（旧四会）連合協定工事請負契約約款27条では、木造の建物については1年、石造・金属造・コンクリート造及びこれらに類する建物、その他土地の工作物若しくは地盤については2年と定めています[7]。

　また、住宅の品質確保の促進等に関する法律（以下「品確法」とします。）の適用があれば、瑕疵担保責任の期間は、引渡しから10年となります（品確法94条。強行法規）。同条によると、「住宅を新

---

7)　山本敬三『民法講義Ⅳ‒Ⅰ契約』266頁（有斐閣、2005年）

149

第4部　具体的問題類型

築する建設工事の請負契約」において、「住宅のうち構造耐力上主要な部分」または「雨水の浸入を防止する部分」として「政令で定めるもの」の瑕疵についてであれば、同条が適用されます。瑕疵によって工作物が滅失した際の、滅失・毀損の時から1年以内の期間制限（民法638条2項）は、品確法の適用がある場合でも適用されます。

　なお、裁判例は、除斥期間内に注文者が瑕疵を理由として損害賠償の請求をした以上、その権利は保存されるものであって、その請求は必ずしも裁判上の請求である必要はないとし、期間内に裁判外の行使をすれば、その時から請求権が発生して、一般の債権と等しくその目的達成まで、またはその消滅時効が完成するまで存続するとしています（大判昭和5年2月5日集民4巻32頁、東京地判平成3年6月14日判時1413号78頁、東京地判昭和60年2月15日判時1189号62頁）。

　消滅時効の起算点を慎重に検討しても、瑕疵担保責任に関する期間制限が徒過している場合には、不法行為責任を追及することを検討するべきです。

(3)　請求内容の選択

ア　仕事の完成前

　仕事の完成前である場合、注文者は請負人に対し、以下の内容の請求をすることが考えられます。

　①仕事の完成の請求

　②債務不履行に基づく損害賠償請求

　③債務不履行に基づく請負契約の解除

　④不法行為に基づく損害賠償請求

イ　仕事の完成後

　仕事の完成後である場合、注文者は請負人に対し、以下の内容の請求をすることが考えられます。

①　瑕疵担保責任に基づく瑕疵修補請求及び損害賠償請求
②　不法行為に基づく損害賠償請求

　なお、仕事の完成後は、建物その他の工作物につき、瑕疵が存在することによる請負契約の解除はできないとされています（民法635条ただし書）。しかし、建物に重大な瑕疵があるため建て替えざるをえない場合には、建て替え費用相当額の損害賠償請求が認められた判例もあります（最判平成14年9月24日裁判集民207号289頁、判タ1106号85頁）。このような場合には、注文者は契約解除が認められたのと同等の効果を得ることができます。

 瑕疵担保責任

(1) 請負における「瑕疵」とは[8]

ア　瑕疵のとらえ方

　請負契約において問題となる「瑕疵」（民法634条）とはどのように理解されているのでしょうか。

　建築請負契約の場合、「瑕疵」とは請負契約で定めた工事内容と異なる施工がされたことをいうと理解されています（いわゆる主観説）。

　すなわち、「瑕疵」は具体的な契約内容に関わるものと捉えられ、当該目的物が通常備えるべき品質・性能が基準となるほか、契約の趣旨によっても決まり、契約当事者がどのような品質・性能を予定しているかが重要な基準となります[9]。

---

8)　民法（債権関係）部会第99回会議（平成27年2月10日開催）において決定された「民法（債権関係）の改正に関する要綱案」では、「瑕疵」という用語は用いられず、民法634条1項関係について「仕事の目的物が契約の内容に適合しない場合の修補請求権」との表現を用いています（法務省ウェブサイト）。
9)　内田貴『民法Ⅱ　債権各論』135頁（東京大学出版会、第3版、2011年）

第4部　具体的問題類型

　耐震性を高めるために、主柱につき当初の設計よりも太い鉄骨を使用することとした約定に反して、約定よりも細い鉄骨を注文者に無断で使用した建物建築工事に瑕疵があると認定した最判平成15年10月10日（裁判集民211号13頁、判タ1138号74頁）も同旨です。

イ　瑕疵の類型

　具体的には、①約定に反している、②法令に違反している、③施工精度が足りない、などの瑕疵があります。

㈎　約定に反している

　請負契約で定めた工事内容（当事者間の合意内容）に違反しているという瑕疵です。

　例えば、段差がないバリアフリーの建物を建築することを合意したにもかかわらず、部屋と廊下との間に段差ができている、というような場合です。

　約定の内容に争いがある場合、約定違反があるかどうかは、通常、設計図書や見積書、打ち合わせ議事録などを元に判断されます。

　では、設計図書（仕様書）に記載されていた玄関ドアのメーカーや色と、実際に施工された玄関ドアのメーカーや色が異なっている場合、これは、瑕疵に当たるのでしょうか。ドアの取っ手の色が違う、という場合はどうでしょうか。

　実際の建物と設計図書との間の些細な違いまでもが、すべて瑕疵に当たるというわけではありません。結局のところは契約内容の解釈の問題ですが、不一致部分について当事者がどの程度重視していたか、約定と施工の不一致がどの程度重大か、という観点から判断することになります。

　例えば、店舗などにおいて、ドアの取っ手の色がデザイン上重要であり、あえて指定したという場合には瑕疵に該当する余地があります。

152

第1章　請負（新築）契約の場合—注文者の側からの責任追及—

(イ)　法令に違反している

建築基準法及び同法施行令等の法令に違反しているという瑕疵
です。例えば、構造強度を満たしていない、耐火基準を満たして
いない、といった場合です。法令違反の瑕疵に当たるかどうかを
判断する際には、国土交通省（旧建設省）告示や、各地方公共団
体の条例についても確認する必要があります。

(ウ)　施工精度が足りない

施工内容が社会通念上の技術水準等に達していないことです。

最も目につきやすいため、実際の事件において注文者が瑕疵だ
と訴えることが多いのがこの類型です。クロスがたわんでいる、
床なりがする、塗りムラがあるなど、多くの不具合が瑕疵である
と主張されます。

ただし、気をつけなければならないのは、目に見えている不具
合が、本当に美観上の問題にすぎないのか、構造上の問題に起因
するのかを見極めるということです。そのためにも、例えば、ク
ロスのたわみが、業者が単に「下手」だったからたわんでいるの
か、構造上の歪みによるものなのか、当事者の言い分を、そのま
まうのみにするのではなく、専門家の目できちんと調査をしても
らうことが必要です。

しかし、現実的には、裁判所が美観上の問題について瑕疵とし
て取り上げることはあまりないというのが実感です。当事者が認
めてもらいたい「瑕疵」と裁判所が取り上げる「瑕疵」との間に
はギャップがあります。一般社団法人日本建築学会作成の技術基
準等も瑕疵として主張するかを検討します。

(エ)　大阪地裁第10民事部が使用している瑕疵一覧表では、あるべ
き状態と根拠を記載する欄があります（第6部巻末資料参照）。そ
の「根拠」部分に記載するのがこの「類型」となり、具体的には、
「約定違反」「法令違反」「技術水準」等と記載されています。

153

第4部　具体的問題類型

ウ　現象と瑕疵

例えば、「雨漏りがする」というのは現象であって瑕疵ではありません。瑕疵として主張しなければならないのは、雨漏りの原因となる施工不良そのものです。

COLUMN　主張の序列・優先順位

瑕疵の主張をする際に気をつけたいことは、僅少な美観上の問題のみを漫然と主張することがないようにするということです。

当事者からすれば、「綺麗に仕上げてもらう」ことは当然のことです。しかし、建物の安全にかかわるような重大な瑕疵と美観上の問題を同列に主張しても、肝心の重大な瑕疵が埋もれてしまいかねません。また、請負代金請求に対して瑕疵を主張する場合に、些細な不具合ばかりを主張すると、代金を支払いたくないがためのクレームと受け取られかねません。

美観上の問題も当事者にとっては大事な問題ですが、僅かな差異にこだわるあまり重大な瑕疵を見逃すことのないようにしなければなりません。

---

(2)　瑕疵修補に代わる損害賠償請求

訴訟においては、調停とは異なり、当事者の関係が相当こじれていることが通常であり、瑕疵「修補」請求は実務上ほぼ行われず注文者は請負人に対し、損害賠償を請求することが一般的です[10]。

ア　損害の内容

瑕疵が認められた場合、次に瑕疵によりどのような損害が生じたかが問題となります。瑕疵修補相当額のほかにどのような損害が認

---

10)　塩崎勤＝安藤一郎編『新・裁判実務大系2　建築関係訴訟法』172頁（青林書院、1999年）

第1章　請負（新築）契約の場合―注文者の側からの責任追及―

められるかは、160頁以下を参照してください。

　なお、瑕疵が認められた場合でも、以下の場合には損害賠償請求が認められませんので、注意が必要です。

イ　過分の費用を要する場合

　瑕疵が重要でなく、その補修に過分の費用を要する場合、民法634条1項ただし書の法意に照らし、その瑕疵の補修費用相当額を損害賠償として請求することはできないものとされています[11]。

　例えば、契約と異なる仕様の室内ドアが設置されているけれども、室内ドアを取り外して新たに契約どおりの室内ドアを設置するためには高額の費用を要する、といった場合です。

　この場合、仕様の違いが部屋の使用に支障を生じず、その瑕疵が重要でない一方、補修に過分の費用がかかるものとして、補修に代わる補修費用請求は認められない可能性があります。

　もっとも、契約時の見積りに計上されている室内ドアが実際に設置されている室内ドアよりも高額であり、注文者がその代金を既に支払っている場合には、瑕疵により差額相当額の損害を被ったといえます。したがって、この場合には、瑕疵担保責任に基づき差額相当額の損害賠償請求は可能です。

ウ　注文者の指図

　瑕疵が、注文者の供した材料の性質または注文者の与えた指図によって生じたときには、請負人は瑕疵担保責任を負わない（民法636条）とされています。

　では、注文者の要望が法令に違反していたが、請負人が要望に沿って違法建築を行った場合に注文者の与えた指図によるものとして施工者は瑕疵担保責任を負わないのでしょうか。

　例えば、確認済証を得た後に、注文者が屋上に容積率や高さ制限

11）最判昭和58年1月20日判タ496号94頁

に違反するような物置の設置を希望した場合です。

　この場合、仮に注文者が要望していたとしても、建築の専門家である請負人は、法令等を調査したうえで、これに違反しない建物を建築すべき契約上の義務を負っているというべきです。したがって、請負人がかかる義務に違反して違法建築を行った場合、法令違反の瑕疵に当たり、請負人は瑕疵担保責任を負うことになります。

　ただし、注文者が法令等に違反することを認識しながら、それでもなお要望して法令違反の建物を建築することを合意した場合には、請負人が上記契約上の義務を負わない場合もありえます。

(3)　解除の主張（民法635条）

　条文上、瑕疵が存在する場合であっても、建物完成後であれば契約を解除することはできないとされていますが、建物に重大な瑕疵があるため建て替えざるをえない場合、注文者の請負人に対する建て替え費用相当額の損害賠償請求が認められた最高裁判例があり（最判平成14年9月24日裁判集民207号289頁、判タ1106号85頁）、このような請求が認められる場合には、注文者は契約解除が認められた場合と同等の効果を得ることができます。

3　不法行為

(1)　瑕疵との関係で不法行為が問題となる場面
ア　契約当事者間

　契約当事者（注文者・請負人間など）では契約責任である瑕疵担保責任を追及するのが通常です。

　もっとも、契約当事者でも、不法行為構成を用いる場合もあります。すなわち瑕疵担保責任の除斥期間が最大でも10年間（民法638

第1章　請負（新築）契約の場合─注文者の側からの責任追及─

条1項、品確法94条）であるのに対し、不法行為責任の除斥期間が20年であるため（民法724条後段）、実務上、不法行為構成で（あるいは併存的に）損害賠償請求が行われる場合もあります。

イ　契約当事者間以外

　一方、契約当事者以外の間で瑕疵に起因する賠償請求の法的構成としては、不法行為構成を取ります。

(2)　**不法行為に基づく損害賠償請求が認められる瑕疵とは**

　どのような瑕疵が存在する場合に、不法行為に基づく請求が認められるのでしょうか。設計者・請負人・工事監理者に対し、契約当事者以外の第三者に対する不法行為責任が認められた重要な判例（以下「別府マンション事件」と呼びます。）があります。

　本件原告Xは、平成2年5月、注文者である訴外Aから、Y1が施工、Y2が設計・工事監理をして、同年2月に新築した建物（本件建物、9階建ての新築マンション）を買受けた者です（直接の契約関係にはありません。）。

　本件建物には、廊下、床、壁のひび割れ、梁の傾斜、鉄筋量の不足、バルコニーの手すりのぐらつき、配水管の亀裂や隙間等の不具合がみられました。Xはこれらの不具合は瑕疵に当たると主張して、Yらに対し、不法行為に基づいて、補修費用、営業損害等の賠償を求めて本件訴訟を提訴しました。

　本件は、2度の最高裁判決を経ています。

　最二小判平成19年7月6日（第一次上告審、民集61巻5号1769頁）は、「建物の建築に携わる設計者・施工者及び工事監理者は、建物の建築に当たり、契約関係にない居住者を含む建物利用者、隣人、通行人等に対する関係でも、当該建物に建物としての基本的な安全性が欠けることがないように配慮すべき注意義務を負うと解するのが相当である。そして、設計・施工者等がこの義務を

157

第4部　具体的問題類型

怠ったために建築された建物に上記安全性を損なう瑕疵があり、それにより居住者等の生命、身体または財産が侵害された場合には、設計者等は、不法行為の成立を主張する者が上記瑕疵の存在を知りながらこれを前提として当該建物を買い受けていたなど特段の事情がない限り、これによって生じた損害について不法行為による損害賠償責任を負う。」と判示しました。

さらに最一小判平成23年7月21日（第二次上告審、裁判集民237号293頁）は、第一次上告審のいう「建物としての基本的な安全性を損なう瑕疵」とは、「居住者等の生命、身体または財産を危険にさらすような瑕疵をいい、建物の瑕疵が、居住者等の生命、身体または財産に対する現実的な危険をもたらしている場合に限らず、当該瑕疵の性質に鑑み、これを放置するといずれは居住者等の生命、身体または財産に対する危険が現実化することになる場合には、当該瑕疵は、建物としての基本的な安全性を損なう瑕疵に該当すると解するのが相当である。」と判示しました。

このように、最高裁は、不法行為責任が生じる瑕疵を、瑕疵担保責任が生じる瑕疵よりも限定的に、「建物としての基本的な安全性を損なう瑕疵」ととらえつつも、その意義を「建物の瑕疵が居住者等の生命、身体または財産に対する現実的な危険をもたらしている場合に限らず、当該瑕疵の性質に鑑み、これを放置するといずれは居住者等の生命、身体または財産に対する危険が現実化することになる場合には、当該瑕疵は、建物としての基本的な安全性を損なう瑕疵に該当する。」と明示し、今後の解釈の指針を示しています。

契約当事者以外の者の間での事案ですが、契約当事者間でも同様に解するべきであるというのが有力な見解です。[12]

12）小久保＝徳岡・前掲注1）186頁

158

(3) 不法行為責任の成否が問題となる具体的事例[13]

ア 建築士の名義貸し

　施工業者が欠陥工事を施工した事案で、建築確認申請書に自己が監理を行う旨の実体に沿わない記載をした（いわゆる名義貸し）一級建築士に対し、注文者から物件を購入した者が不法行為責任を追及した事案において、最判平成15年11月14日（判時1842号38頁）は、「建築士による設計及び工事監理が必要とされる建物の建築につき一級建築士が建築確認申請手続を代行した場合において、建築主との間で工事監理契約が締結されておらず、将来締結されるか否かも未定であるにもかかわらず、当該一級建築士が、建築主の求めに応じて建築確認申請書に自己が監理を行う旨の実体に沿わない記載をし、工事監理を行わないことが明確になった段階でも、建築主に工事監理者の変更の届出をさせる等の適切な措置を執らずに放置したこと、そのため、実質上、工事監理者がいない状態で建築された当該建物が重大な瑕疵のある建築物となったことなど判示の事情の下においては、当該一級建築士の上記行為は、建築士法３条の２及び建築基準法（平成10年法律第100号による改正前のもの）５条の２の各規定等による規制の実効性を失わせる行為をしたものとして当該建物を購入した者に対する不法行為となる。」と判示しました。

　この判例の射程が、建築主が名義貸しの建築士に対する責任追及を行う場合にも及ぶかに関しては議論があります。建築主が名義貸しの事実を知っていたか、建築主が専門の業者か個人であるか等の具体的な事実関係を踏まえ、不法行為上の具体的な注意義務の有無及びその内容について検討する見解もあります。[14]

---

13) 松本＝齋藤＝小久保・前掲注１）
　　田中・前掲注１）
　　東京弁護士会弁護士研修センター運営委員会・前掲注１）
　　小久保＝徳岡・前掲注１）
14) 小久保＝徳岡・前掲注１）392頁

第4部　具体的問題類型

　なお、建築士法上、名義貸しを行った行為者本人に対し1年以下の懲役、100万円以下の罰金の罰則が設けられています（同法38条7号、21条の2）。また、行為者のほか、法人等にも100万円以下の罰金刑が科されます（同法43条）。

イ　検査主体

　建築確認に基づき建築された建物に瑕疵があった場合、地方公共団体の機関である建築主事によるもの（山口地岩国支判昭和42年8月16日訴月13巻11号1333頁）も、民間確認検査機関によるもの（最決平成17年6月24日判時1904号69頁）も国家賠償法適用の対象となります。建築確認申請の際に提出された設計書類に添付された構造計算の誤りを建築主事が看過し、そのまま瑕疵のある建築が行われた場合等が想定されます。

　構造計算偽装事件に関し、名古屋地判平成21年2月24日（判時2042号33頁）は、「違法な建築物によって被害を被るおそれのある近隣住民だけでなく、建築主においても、自身の建築計画について、建築基準関係規定適合性に関する限りは、建築主事に対し高い信頼を寄せたとしても不合理ではなく、建築主事は、その信頼にこたえるべく、専門家としての一定の注意義務を負う。」と判示し、注文者による建築主事への責任追及を肯定しています。

損害賠償として請求しうる補修費用以外の損害項目

　補修費用以外に請求しうる損害項目としては、以下のものが考えられます。以下の損害項目は、売買契約における損害賠償請求でも同様です。

　この点、理論上は、いかなる法律構成を選択にするかによって、請求する損害の範囲が異なるということがあります。例えば、契約責任

第1章　請負（新築）契約の場合—注文者の側からの責任追及—

と不法行為責任のいずれを選択するかによって、慰謝料や弁護士費用まで請求しうるかについて差が生じるように思われます。

　しかし、実務上は、契約責任か不法行為責任かといった法律構成によって損害賠償の範囲を厳密に区別することなく、具体的事案に応じて損害を認定している例もあります。

　建築訴訟における損害項目は、明確に定型化されているわけではないので、事案に応じて柔軟に損害項目を検討し、損害について主張漏れのないようにすべきです。

(1)　仮住まい費用

　補修・建替工事期間中に、当該建物を使用して居住することができない場合、代替建物に仮住まいする必要が生じます。そのため、損害として、この代替建物の賃料相当額が認められることがあります。

　立証資料としては、賃貸借契約書や領収書等があげられます。

　ただし、仮住まい費用は、補修工事や建替工事に通常必要な期間に相当する範囲に限定されることに注意が必要です。

　例えば、住居を移転せずに補修工事が可能である場合に、風呂・水道・ガスが一時期使用できない状態になるなどの多少の不便が生じたとしても、仮住まい費用は認められないとした裁判例などがあります（福岡高判平成17年1月27日判タ1198号182頁）。

(2)　引越し費用

　補修・建替工事期間中に、代替建物へ仮住まいしなければならない場合には、引越し費用も損害として認められます。この損害の立証資料としては、引越し費用の見積書・領収書等があります。

　なお、瑕疵のある建物から代替建物への引越し費用と、代替建物から補修後の建物への引越し費用の両方が損害となるので、請求漏れがないようにすべきです。

161

第4部　具体的問題類型

⑶　一時保管費

　建物に瑕疵があるために、家財道具を置くことができず、一時保管場所が別に必要となった場合、その保管にかかった費用が損害となります。保管場所の賃貸借契約書や領収書等が立証資料となります。

⑷　登記手続費用等

　瑕疵が重大であるため、建替えが認められる場合には、建物の解体費用や登記手続費用、不動産取得税等も損害となります。

　見積書や請求書、領収書を資料として算定します。

⑸　休業損害・逸失利益

　賃貸物件や店舗物件に瑕疵があることが原因で、賃貸や営業ができない場合には、休業損害や逸失利益が損害として認められることがあります。

　ただし、請求する側が、建物の瑕疵と損害との間の因果関係、すなわち①建物に瑕疵があるために賃貸や営業等ができず、利益が上げられなかったこと、及び②その瑕疵がなければ、利益を取得しえたことを立証しなければなりません。

　賃貸物件の場合、従前の賃料額や近隣の同種建物における賃料相場で休業損害・逸失利益の額を算出し、従前の経緯などから賃貸契約の継続見込みがあることを立証します。

　店舗物件の場合、従前の収益状況を、帳簿等に基づき主張します。

　瑕疵によって生じた雨漏りによる漏電の危険性から廃業を余儀なくされた者に対し、従前の営業実績を元に廃業後に別の場所で同規模の事業を始めるまでの期間について逸失利益を認めた裁判例（大阪高判昭和58年10月27日判時1112号67頁）などがあります。

162

(6) 拡大損害

建物の瑕疵との因果関係があれば、拡大損害も賠償の対象となります。

具体的には、建物の雨漏りにより濡れてしまった家具等の費用、水漏れにより汚損された物の洗濯費用・火災報知器の調整費用（東京地判昭和47年2月29日判時676号44頁）などがあげられます。

これらを請求する際には、瑕疵と雨漏りとの間の因果関係、雨漏りと家具等が汚損したこととの間の因果関係のそれぞれにつき、立証する必要があります。

(7) 評価損（建物の経済的価値の減額分）

建物に瑕疵があることにより、建物の経済的価値が下がった場合には、その経済的価値の減少した部分（評価損）が損害となりえます。

ただし、評価損が認められるには、瑕疵の存在によって実際に価値が下がったのか、また具体的にいくら減額したといえるのか、請求する側が立証する必要があるところですが、その立証は困難です。

しかし、積極的に立証をしなければ賠償が否定される（神戸地判昭和63年5月30日判時1297号109頁）以上、評価損を請求するのであれば、不動産鑑定士等による鑑定などの立証を試みる必要があります。もっとも、不動産鑑定士などにかかる費用との兼ね合いは、考える必要があるでしょう。

この点、建物の経済的価値が下落することを慰謝料の考慮要素とした裁判例（神戸地判平成14年11月29日裁判所ウェブサイト）もあります。

評価損を認めた裁判例としては、福岡高判平成18年3月9日判タ1223号205頁などがありますので参考にしてください。

(8) 建築士等に要した費用

建築士等に対して支払った調査費用や意見書作成費用、見積書作成

第4部　具体的問題類型

費用などが、損害として認められることがあります。特に注文者側にとっては、瑕疵の存在や損害額を立証するにあたって、専門的知見を得ることは必要不可欠だからです。

ただし、必ずしも出捐した費用全額が損害として認められるとは限りません。瑕疵の内容や性質、取りうる調査方法等に応じた相当と認められる範囲に限定されることに注意が必要です。

例えば、立証に成功した範囲に限定して認容した裁判例（神戸地判平成14年11月29日裁判所ウェブサイト）や、請負人が事前に補修を約束していたのに注文者がその履行を拒絶したことを理由に、注文者による調査費用を制限した裁判例があります（東京地判平成4年12月21日判時1485号41頁）。

(9)　慰謝料

慰謝料とは、金銭的に評価し賠償する以外にそれを回復する手段がないために認められるものです。財産的損害を受けた場合、原則として、財産的損害が回復されれば合わせて精神的損害も填補されたものと考えられます。

住宅の瑕疵も財産的損害の一つですので、慰謝料は否定される傾向にあります。

しかし、例外的に住宅に瑕疵があることにより、継続的な不快や不安感を感じて生活せざるをえなかったこと、補修工事の間、代替住居での不快な生活を継続しなければならないことによる精神的苦痛があり、これらは財産的損害が賠償されても回復されないとして、慰謝料を認めた裁判例もあります（東京地判平成24年7月27日（判例集未登載）、東京地判平成24年12月25日（判例集未登載）など）。

なお、債務不履行や瑕疵担保責任に基づき損害賠償を請求した場合においても、慰謝料を認めた裁判例もあります（神戸地判昭和61年9月3日判時1238号118頁など）。

164

第1章　請負（新築）契約の場合―注文者の側からの責任追及―

(10) 弁護士費用

事件の難易、請求額など諸般の事情を考慮して、相当と言える範囲で認められることがあります。目安としては、請求が認容された損害の合計額の1割程度が、弁護士費用として認められることが多いといえます。

なお、弁護士費用は、不法行為構成を取った場合の損害項目としてあげられますが、債務不履行構成や瑕疵担保責任構成を取った場合でも、損害として認める裁判例があります（仙台地判平成18年8月9日欠陥住宅判例第4集234頁など）。

 請負人からの反論

(1) 損益相殺

ア　居住利益は控除されるか

瑕疵のある建物であっても、その建物に居住していた間は、建物を利用して利益を得ていたとも考えられます。そのため、請負人側が、居住していた間の賃料相当額を、「居住利益」として、損害額から控除するよう主張することがあります。

この点につき、最高裁は、「新築建物に構造耐力上の安全性にかかわる重大な瑕疵があり、倒壊の具体的なおそれがあるなど建物自体が社会経済的価値を有しない場合」には、居住利益の控除を認めないと判断しました（最判平成22年6月17日民集64巻4号1197頁）。

建物の瑕疵が「社会経済的価値を否定される程の重大な瑕疵」とまでは評価できない場合にも居住利益の控除を認めるか否かは、判断が分かれるところです。

そして、居住利益の控除を認める場合には、その具体的な控除額をどのように算定するかも問題です。この点、瑕疵のある建物の所

在地付近で同規模の居宅を賃借する場合に必要な賃料相当額を基準としたうえで、そのうち2分の1が建物の使用利益であるとして控除を認めた裁判例（京都地判平成12年11月22日欠陥住宅判例第2集314頁）などがあります。

イ　経年劣化による損耗減価分は控除されるか

瑕疵の程度が著しいために建替えが認められた場合、当初から瑕疵のない建物の引渡しを受けた場合に比して、建替え時点で耐用年数の伸長という利益を得たともいえます。そのため、請負人側が、この利益分を控除するよう主張することがあります。

この点につき、最高裁は、上記居住利益の控除と同じ事案において、社会経済的な価値を有しない建物を建て替えることにより結果的に耐用年数の伸長した新築建物を取得しても、それを理由に損益相殺すべきではないとして、損耗減価分の控除を否定しました（最判平成22年6月17日民集64巻4号1197頁）。

補足意見において、買主が経済的事情などからやむなく瑕疵のある建物に居住し続けることによって、損益相殺ないし損益相殺的な調整がなされるとすると、売主による賠償が遅れれば遅れるほど、賠償額が減ることになって誠意のない売主等を利するという事態を招き、公平ではない点が指摘されています。

ただし、この判例は、構造耐力上の安全性にかかわる重大な瑕疵があり、建物自体に社会経済的価値がないとされた事案ですので、瑕疵がその程度に至らない場合の損耗減価分の控除については、居住利益の控除と同様、判断が分かれるところです。

(2)　請負人からの相殺

請負人の側から自らの報酬債権を自働債権とし、注文者の損害賠償債権を受働債権とする相殺を認めるか否かについては、見解が分かれるところです。場合によっては、瑕疵修補による損害賠償がなされな

第1章　請負（新築）契約の場合—注文者の側からの責任追及—

いうちに注文者の債務が履行遅滞に陥ってしまうことになり不合理であるとして、請負人からの相殺を否定する見解も有力です[15]。

　後述する最判平成18年4月14日（民集60巻4号1497頁）（178頁参照）は、請負人からの相殺を認めていますが、このケースは、瑕疵修補に代わる損害賠償金額が、請負残代金額より多額であり、請負人による相殺を認めても、注文者に遅延損害金が発生しない事案であったことに注意を要します。

(3)　注文者の与えた指図等

　注文者の供した材料の性質または注文者の与えた指図によって瑕疵が生じたとして，請負人が自身の責任を否定する主張をすることが考えられます（民法636条）。この主張については，前記2(2)ウ（155頁）を参照してください。

　また，瑕疵の発生につき，注文者の与えた指図など注文者側の事情に原因の一端がある場合，請負人が過失相殺の主張をすることが考えられます[16]。注文者側の過失を検討するにあたっては，注文者と請負人の関係や注文者による指示の内容，注文者の建築に関する知識の程度などを考慮する必要があります[17]。

15）松本＝齋藤＝小久保・前掲注1）100頁。なお，請負人側からの相殺の主張を認めた下級審判例として東京高判平成16年6月3日金判1195号22頁があります。
16）東京地判平成27年3月24日（判例集未登載），東京高判平成25年5月8日判時2196号12頁，東京高判平成6年2月24日判タ859号203頁など参照
17）松本＝齋藤＝小久保・前掲注1）885頁

167

第2章 請負（新築）契約の場合
——請負人からの請求——

 請負人が残代金請求する場合

　請負契約は、当事者の一方がある仕事を完成することを約し、相手方がその仕事の結果に対してその報酬を支払うことを約することによって効力を生じます（民法632条）。何らかの事情で工事が中断し、未完成となった場合、請負人からの残代金請求をめぐって紛争が起きることがあります。

(1)　仕事の完成義務と報酬支払義務との関係
　請負人が報酬の支払い請求をするためには、仕事の完成が先履行となります。そのため、工事途中で残代金請求を受けた注文者は、まずは仕事の完成義務を果たすよう求め、残代金支払いを拒むことが考えられます。
　この「仕事の完成」をいつの時点ととらえるかについては、第1章1(2)ア（146頁）を参照してください。

(2)　工事が未完成に終わった理由に応じた残代金請求の可否
　工事が予定されていた工程の途中で中断し、そのまま予定された工期内に完成しなかった場合、注文者は、常に残代金全額の支払いを拒むことができるのでしょうか。それはいかなる理由で中断したかによって、帰結が異なります。

第4部　具体的問題類型

ア　注文者の帰責事由によって工事が未完成に終わった場合

　注文者の帰責事由によって、工事が中断し履行不能となった場合には、請負人は工事完成義務を免れ、注文者は、民法536条2項に基づき、全額、請負残代金の支払義務を負うことになります。ただし、請負人は、自己の債務を免れたことによる利益を注文者に償還すべき義務は負うことになります（最判昭和52年2月22日民集31巻1号79頁）。

　そのため、請負人が注文者に対し、報酬全額の支払請求をして、注文者は、請負人が自己の債務を免れたことにより得た利益の存在及び額を主張することになります。ただし、実務上は、請負人が、自己の債務を免れたことによる利益を控除したうえで、報酬支払請求をすることが多いといえます[18]。

イ　請負人の帰責事由によって工事が未完成に終わった場合

　請負人の帰責事由により、工事が中断し、予定された工事完成日までに完成することができなくなった場合、注文者は、債務不履行解除をすることにより、残代金支払いを拒絶することができます。

　しかし、この解除の効力は、常に請負契約全体に及ぶものではありません。工事内容が可分であり、しかも当事者が既施工部分の給付に関し利益を有するときは、特段の事情のない限り、既施工部分については契約を解除することができず（大判昭和7年4月30日民集11巻8号780頁）、注文者は既施工部分にかかる報酬の支払義務を負うことになります。

　では、具体的にいかなる場合に、注文者は一部解除しか認められず、既施工部分にかかる報酬を支払わなければならないのでしょうか。

18）小久保＝徳岡・前掲注1）280頁

㈦ 工事が可分であること

工事が可分である場合とは、単に物理的にみて他の部分と区別し取り外しができる場合に限られません。

個々の事案ごとに判断する必要がありますが、既施工部分を他の業者がそのまま引き継いで、続きから工事できるような場合には、可分と評価されることが多いようです。

㈣ 既施工部分の給付の利益を有すること

工事中断後に、注文者が、他の業者に依頼して既施工部分をそのまま用いて続きから工事し完成させた場合には、既施工部分に給付の利益があったといえます。

i 加工済み・搬入済み材料に給付の利益は認められるか

施工には至っていないが、加工済み・現場搬入済みである材料等について、給付の利益が認められるのでしょうか。

注文者が、これらの材料等を利用し、現に残工事を施工した場合には、給付の利益があるといって差し支えありません。また、実際にはまだ利用していない場合でも、注文者に、将来、その材料等を利用して残工事を行う意思がある場合についても、将来的に実際に利用することにより当事者双方にとって利益が生じる以上は、給付の利益を認めてしかるべきです。

一方で、客観的にみて加工済みの材料等は利用可能ですが、注文者が、その材料等を利用せずに他の業者によって残工事を施工した場合や、建物の建築自体を断念した場合はどうでしょうか。

この点、民間（旧四会）連合協定工事請負契約約款に基づき請負契約が締結されている場合には、同約款33条1項において、注文者が検査済みの工事材料及び建築設備の機器を引き受けることとされているため、検査を経ている材料等は注文者が引き受けなければなりません。

一方で、この約款に基づかない請負契約の場合に、どのように

第4部　具体的問題類型

取り扱うべきかは結論が分かれるところです。請負人の債務不履行によって解除に至ったにもかかわらず、実際には利用せず、利用するつもりもない材料等の代金を注文者が負担するのは不合理であると考えれば、材料等の加工や搬入にとどまり施工まで至っていないものは、給付の利益を認めるべきではないといえます。[19]

ii　既施工部分に瑕疵がある場合に給付の利益が認められるか

既施工部分に瑕疵がある場合、「給付を受ける利益がない」として、既施工部分についての報酬支払いを拒絶するという構成をとることも考えられます。

ただし、瑕疵が重要でなく、補修に過分の費用がかかる場合には、仮にそのまま完成まで至った場合にも補修を求めることはできない（民法634条1項ただし書）こととの均衡から、給付の利益が認められ報酬支払いを拒絶することはできないでしょう。

なお、給付の利益を否定する場合、理論上は「瑕疵が存在せず、給付を受ける利益が存在すること」の立証責任を請負人側が負うこととなりますが、既施工部分を管理しているのは注文者である以上、注文者が積極的に瑕疵の存在を特定するべきであり、特定しない限りは瑕疵のないものとして給付の利益が認められる可能性があることに注意が必要です。

(ウ)　特段の事情がないこと

一部解除が認められない「特段の事情」が認められる事案は、実務上、少ないと思われます。

裁判例としては、反対給付が不可分である場合（対価が金銭ではなく土地であった、最判昭和52年12月23日判時879号73頁）などがあげられます。

---

19)　小久保＝徳岡・前掲注1）303頁以下

ウ 請負人・注文者のいずれにも、工事が未完成となったことに帰責性がない場合

　工事が未完成に終わったことに、請負人に帰責性がない以上、請負人は工事完成義務を免れます。

　注文者は、工事完成を前提として報酬全額を支払うということはありません。しかし、請負人に帰責性がある場合と同様、既施工部分については報酬請求権が発生することに鑑み、当事者双方に帰責事由がない場合にも、工事が可分で給付の利益がある場合には、注文者は既施工部分については報酬支払義務を負うというべきです。

(3) 既施工部分に関する報酬額の算定方法

　既施工部分に関し報酬請求が認められる場合、その報酬額を算定するためには、請負契約において予定されていた工事の内容を特定し、その予定されていた工事内容のうち、どこまで施工されたのかを特定したうえで算出します。[20]

ア 既施工部分の工事内容の特定

　まず、当初予定されていた工事の内容を特定します。これは通常、契約時の図面や見積書から特定することができます。

　そして、実際に施工された工事の内容を特定します。裁判所では施工者から提出される工事の実施を裏付ける証拠（工事写真や、納品伝票、下請け業者からの請求書、注文者から提出される現況写真等）、裁判所による現地調査の結果、下請け業者に対する調査嘱託結果などから、特定することになります。

　また、既施工部分の工事内容を特定するにあたって、残工事を他業者が引き継いで完成させた場合であれば、引き継いだ業者が施工した内容を特定し、当初予定されていた工事内容と照合することで、

---

20) 小久保＝徳岡・前掲注 1) 289頁以下

第4部　具体的問題類型

請負人の既施工部分を特定するという方法もあります。ただし、当初予定されていた工事の内容と、引き継いだ業者が施工した工事の内容が必ずしも合致していないことがあるので、注意が必要です。

イ　既施工部分の報酬の算定

契約時に詳細な見積書が作成されていた場合には、その見積書上の単価を既施工数量と掛け合わせることで、既施工部分の工事費を算出することができます。

そして、当初の見積書上諸経費が計上されていれば、その経費率を既施工部分の工事費に乗じて、既施工部分に応じた諸経費の額を算出し消費税相当額と共に加算します。また、当初の見積書上値引きがなされていた場合は、その値引率を既施工部分の合計金額に乗じ値引きをします。その結果、既施工部分の報酬が算定されます。

また、請負代金総額から他業者に施工してもらった残工事の代金を差し引くという方法で、既施工部分の報酬額を算出することも可能です。しかし、工事の中途から引き継いで施工すると、通常よりも代金が高額となることが多いため、控除した結果、既施工部分にかかる代金が過少になってしまうおそれがあります。また、上述のように、当初予定した工事内容と実際に引き継いで施工した工事の内容が異なる場合もあるので、工事内容を精査する必要があります。

一方、請負契約の見積りが一式見積り（工事内容を「一式」としか記載せず、具体的に工事内容を特定していない見積り）しかない場合には、見積書上の単価が明らかとならないため、既施工数量を掛け合わせて算出する方法は採れません。

そこで、請負人が実際に既施工部分の工事に費やした実費に、諸経費・消費税相当額を加算して算出する方法が考えられます。

また、詳細見積りがある場合と同様に、残工事の施工にかかった費用を請負代金総額から控除する方法も考えられますが、一式見積りしかない場合には、そもそも残工事の内容を特定すること自体に

174

第2章　請負（新築）契約の場合―請負人からの請求―

も困難が伴うため、この方法は、残工事の範囲が少ない事例でしか採用されない傾向にあります。

　なお、契約上予定されていた工事の何割が実際に施工されたかを特定し、その割合を請負工事代金に掛けることで算出するという方法もあります。

　工事の中止理由によってどの方法をとるかについては、十分な検討をする必要があります。

建築士の視点　既施工部分の報酬―材料を手配したら報酬が発生するのか

　建築実務上の慣例として、全体として未完成な工事について既施工部分の報酬を請求する場合、民間の工事であっても公共工事であっても、出来上がった部分の90％を出来高の報酬としている場合が多いようです。全体として使用できる状態になっていないことから、100％としません。

　材料を搬入したけれども施工・設置に至らなかった場合、請負人は、材料を搬入した以上その分の代金を請求しようとします。しかし、注文者からすれば、「物」を買ったわけではなく、使えるようにならなければ意味がありません。例えば、クーラーを置いておくだけでは意味がなく、設置して作動して初めて、既施工といえます。

　ただし、特注品を発注したが設置できる状況にないという場合には、設置費用を引いた「物」の費用を請求するということはありえるでしょう。また、仕事を中断する理由、例えば注文者から一方的に工事の中止を求められ、施工させてもらえないなどの事情があるような場合には、設置未了であっても請求を検討する余地があります。

175

第4部　具体的問題類型

(4)　注文者からの反論（同時履行・相殺・反訴）

ア　同時履行

　建物に瑕疵がある場合の瑕疵の補修に代わる損害賠償請求権は、残代金支払債権と同時履行の関係に立ちます。

　そのため、残代金支払請求を受けた注文者は、瑕疵の補修に代わる損害賠償請求権との同時履行を主張して、残代金全額の支払いを拒むことができます。このとき、注文者は履行遅滞による責任も負いません。

　ただし、注文者と請負人の公平という見地から、瑕疵の補修に代わる損害賠償請求権があれば、常に残代金全額の支払いを拒めるというわけではありません。「瑕疵の程度や各契約当事者の交渉態度等に鑑み、右瑕疵の修補に代わる損害賠償債権をもって報酬残債権全額の支払いを拒むことが信義則に反すると認められる場合」（最判平成9年2月14日民集51巻2号337頁）には、残代金全額の支払いを拒むことができません。

イ　相　殺

　注文者は、請負人からの請負代金支払請求に対し、自己の瑕疵の補修に代わる損害賠償債権を自働債権とし、請負人の請負代金債権を受働債権として相殺の抗弁を提出することも考えられます。

　これらは同時履行の関係ではありますが、判例上、請負代金債権と瑕疵修補に代わる損害賠償債権については、実質的・経済的には、請負代金を減額し、請負契約の当事者が相互に負う義務につきその間に等価関係をもたらす機能を有するのであって、「相殺により清算的調整を図ることが当事者双方の便宜と公平にかない、法律関係を簡明ならしめる」として、対当額による相殺を認めています（最判昭和53年9月21日判時907号54頁）。

　しかし、注文者としては、相殺ではなく、同時履行の抗弁の主張

第2章　請負（新築）契約の場合—請負人からの請求—

を検討するべきです。[21]

　なぜなら、報酬債権に対し、瑕疵の補修に代わる損害賠償債権を自働債権とする相殺の意思表示をした場合、注文者は相殺後の報酬残債務について、相殺の意思表示をした日の翌日から履行遅滞による責任を負い（最判平成9年7月15日民集51巻6号2581頁）、遅延損害金が発生するからです。

ウ　反　訴

㋐　**請負代金請求訴訟は反訴提起がなされることが多い類型**

　瑕疵の補修に代わる損害賠償請求権は、時には請負代金額より多額になる場合があります。その場合、請負人からの請負代金支払請求の本訴に対し、注文者から補修に代わる損害賠償請求の反訴がなされることもあります。

　逆に、注文者から、補修に代わる損害賠償請求の本訴が提起されているのに対し、請負人から請負残代金請求の反訴がなされることもあります。

㋑　**反訴提起の印紙代**

　反訴提起の場合の印紙代は、「本訴とその目的を同じくする反訴」については、反訴の請求額により算出して得た印紙額から、本訴に係る訴訟の目的の価格について算出して得た額を控除した額となります。[22]

　ただし、請負代金請求の本訴と、瑕疵修補に代わる損害賠償を求める反訴が、「本訴とその目的を同じくする反訴」に当たるといえるかどうかは一概には断言できないため、反訴の印紙代については、裁判所に事前によく問い合わせるべきでしょう。

㋒　**重複する訴えの提起の禁止（民事訴訟法142条）に当たるか**

　注文者が、本訴において瑕疵修補に代わる損害賠償を請求し、

21）松本＝齋藤＝小久保・前掲注1）403頁
22）法曹会編『民事訴訟費用等便覧』4頁（法曹会、4訂版、2008年）

177

第4部 具体的問題類型

　これに対し、請負人が請負残代金請求の反訴を提起する場合、請負人は、本訴において請負残代金請求権を自働債権として、相殺の抗弁を提出することができるのでしょうか。重複する訴えの提起の禁止（民事訴訟法142条）に当たり、許されないのではないかが問題となります。

　この点につき、判例は、注文者が瑕疵修補に代わる損害賠償請求の本訴を提起し、これに対し、請負人が、請負代金支払請求の反訴を提起した事案において、本訴及び反訴が係属中に、反訴原告が、反訴請求債権を自働債権とし、本訴請求債権を受働債権として相殺の抗弁を主張することは、「異なる意思表示をしない限り、反訴は、反訴請求債権につき本訴において相殺の自働債権として既判力ある判断が示された場合にはその部分を反訴請求としない趣旨の予備的反訴に変更されることになるもの」として許されるものとし、「上記訴えの変更は、本訴、反訴を通じた審判の対象に変更を生ずるものではなく、反訴被告の利益を損なうものではないから、書面によることを要せず、反訴被告の同意も要しない」としています（最判平成18年4月14日民集60巻4号1497頁[23]）。

23）事案の概要「平成5年12月に、注文者が、5304万440円の瑕疵修補に代わる損害賠償請求等の本訴を提起したのに対し、平成6年1月、請負人が、2418万円の請負残代金の支払請求の反訴を提起した。裁判の中で、請負残代金額は、1820万5645円と認定され、瑕疵修補に代わる損害賠償金額は、2474万9798円と認定された。平成14年3月8日の口頭弁論期日に、請負人の訴訟承継人が、請負残代金を自働債権とし、修補に代わる損害賠償請求権を受働債権として、対当額で相殺する旨の意思表示をした。原審では、請負人の反訴提起が相殺の意思表示を含むとして、反訴状送達の日の翌日からの遅延損害金の支払いを認定したが、最高裁は、この点の原審の判断を覆し、相殺の意思表示の翌日からの遅延損害金の支払いを認定した。」

請負人が追加変更代金を請求する場合[24]

(1) 問題の所在・問題の背景

建築訴訟においては、請負人側より、注文者に対し、追加変更工事代金支払いの請求がされるケースが少なくありません。

このような請求が問題になる背景には、以下のような建築請負契約特有の事情が複雑に入り組んでいます。

ア 契約当初に決定できる事項の限界

建築請負契約は、契約締結から目的物完成までに数か月、長ければ数年間の時間を要するため、流動的な性格があります。例えば、旧建物取り壊し後に地盤を掘削して初めて必要性の判明する地盤改良工事など、解体工事を終えないとその必要性が顕在化しない工事もあります。実際に工事に着手して、当初契約にて予定していた内容の不都合性・改良点が見つかるケースもあります。

また、建築物を完成させるに際し決定すべき事項は、例えば、工法や建坪、部屋の間取り等の大枠から、各部屋の壁紙の色、カーテンの柄あるいはドアノブの形状等細部に至るまで、多岐にわたります。部屋の内装の細部のしつらえなど、ある程度工事の進捗した段階に至るまで具体的なイメージを持てない部分も少なくはありません。そのため、契約締結時にはあえて細部まで決めずに「一式工事」として、工事がある程度の段階に至るまであえてペンディングにしている（せざるをえない）部分もあります。

したがって、契約締結当初にすべてを完全に決めておくことは困難であるという実情があります。

---

24) 小久保＝徳岡・前掲注１）
　　東京弁護士会弁護士研修センター運営委員会・前掲注１）
　　横浜弁護士会編『建築請負・建築瑕疵の法律実務』（ぎょうせい、2004年）

179

第4部　具体的問題類型

イ　請負人側・注文者側の認識の乖離

　請負人側としては、上記の事情より、当初の契約締結時には工事全体の細部に至るまでの完全な工事内容・代金を盛り込めないため、追加変更が出ることは当然という認識であり、当初の見積りでもその認識の下で「一式工事」と書きます。請負人側は、当初契約の1割増しで、最終的な価格を見込んでいるともいわれることがあります。

　他方、「家は一生に一度の買い物」といわれるように、建築請負契約に不慣れな素人の注文者側は、追加変更が出ることが当然という発想自体がなく、請負人側との認識に大きなそごがあります。加えて、当初契約時に予算いっぱいの金額で契約を締結している場合も多く、さらなる出費への抵抗感が大きくなります。また、現場での追加変更の注文時点で、請負人からあえて金額の話がない場合、好意で（サービスで）やってくれていると考えがちです。「一式工事」の表示は、すべて込みの価格であると捉える可能性もあります。

　本来であれば、逐一追加工事・変更工事の提案・指示があるごとに、それらが有償の追加変更工事の合意であることを確認し、請負人側が見積りを出し、注文者側が発注書を出すべきですが、これが徹底されずに、単に現場にて口頭でのやりとりに終始し、後日紛争に至ることが多いのです。

ウ　窓口が一元化されていないこと

　設計・監理・施工の各段階で、作り手にも多くの登場人物がおり（ハウスメーカーとの契約など設計施工一体型においては、設計・営業・施工監理の各部門の担当者や現場の大工、水道業者や電気の業者など）、また、注文者側も注文者自身のみならず注文者の家族からの要望もあります。そのため、意思の疎通が必ずしもスムーズにはいかず、情報の集約ができない上に書面も存在しない場合、後日追加変更工事の内容が特定できず混乱することがあります。

第2章　請負（新築）契約の場合―請負人からの請求―

(2)　追加変更の種類[25]

ア　単純追加型

当初母屋のみの建築を注文していたが、後に物置も注文するような場合です。

イ　設計変更型

当初契約の設計内容が確認され、追加代金が発生する場合です。部屋の間取りの変更、洋室を和室に変更するような場合、当初費用との差額が請求されます。

ウ　グレードアップ型

建物のある部分の構造、ある設備に基本的な変更はないが、グレードの高いものに変更になった場合です。高価な仕様にグレードアップしたことにより、当初の費用との差額が請求されます。そもそも「当初の費用」を特定できるかが問題です。

エ　予想外の事態発生型ないし事情変更型

当初契約後、作業を続けていくうちに、予想外の事態が発生し、費用がかさんでしまったという類型の事案です。旧建物を撤去した箇所の地盤が軟弱で、当初予定していなかった地盤工事が必要になった場合などがあります。

オ　値上げ増額型

建築内容、設計内容に変更はないが、材料費や労賃等が値上がりしたため、代金の増額を請求する場合です。事情変更の原則適用の可能性があります。

(3)　要件事実

上記いずれの類型によるものであっても、追加変更による代金を請求するためには、①追加変更工事の合意（当該工事が追加変更工事であ

25）横浜弁護士会・前掲注24）の類型を引用

181

第4部　具体的問題類型

ること＋当該工事の施工に対する合意）、②金額の合意（有償の合意）、
③工事の完成が必要です。

　③については146頁以下を参照してください。ここでは①、②について述べます。

ア　追加変更工事の合意

　追加変更工事に関し、見積書や発注書があれば、争いなく認められます。問題はこのような書類がない場合です。

　請負人側からの追加変更工事代金請求に関して、注文者側からは、当該工事は「ダメ工事」の手直し（瑕疵修補として通常は無料で行われる）工事などとして、当初契約（本工事）に含まれるものである、つまり追加変更の合意は存在しないとの反論が予想されます。

　立証責任の原則を貫けば、追加変更工事の合意を証明できない以上、請負人側は代金を請求できないはずです。ところが、実際の訴訟においては、当初契約に含まれていない工事が施工されていれば、それが追加変更工事であることを示す書面が一切存在しなくとも、追加変更工事があったと認められてしまう場合もあります（例えば、東京地判平成19年6月29日（判例集未登載）は、図面や見積書に記載がないにもかかわらず施工が行われており、当該工事により注文者が利益を受けていることを理由に追加変更工事を認定しています。）。背景には、注文者が了解しない工事を業者がするはずがないという意識があると思われます。

　このようなケースにおいては、注文者側代理人としては、当該合意の存在につき請負人側が立証責任を尽くしていないことを強く主張すべきであり、また実際に重点を置いて主張するところですが、実際には裁判所の理解が得られず具体的な金額に論点が移るケースもまれではない点に注意が必要です。

　ともあれ、理論上は、追加変更合意の認定のためには、当初契約内容の確定が必須となります。当初契約の内容の確定の方法につい

ては、第2部第2章を参照してください。

イ　代金合意

追加変更代金の請求のためには、追加変更の合意に加え、有償の合意及び具体的な金額の合意が必要となります。

有償の合意については、当該工事が客観的にみて追加変更工事であり、かつ施工の合意が立証されれば、基本的に認められます。

また、具体的な金額の合意に関しては、当事者間で合意が認められる場合には、これに基づきます。合意の存在についての立証責任は請負人側にあります。

請負人側の主張する額が認定できない場合（具体的な金額の合意が認められない場合）は、有償の合意の事実が認められれば請負契約自体は成立し、請求権は認められたうえ、裁判所が相当な金額を認定することになります。

ウ　相当額の認定方法

積算方式（追加変更工事の施工量に基づき積算を行う方法）あるいは実費積算方式（追加変更工事に係る下請け業者への支払い（実費）を積み上げる方法）によります。請求額の根拠となる金額を算出するために、一般財団法人建設物価調査会が発行する「月刊建設物価」などを参考に一般的な工事費を計算することがあります。

建築士の視点　実費精算の問題

実費精算とする場合、下請けに対する支払い分をそのまま注文者に請求し、当初契約に含めていた場合よりも、結果的に高額になってしまうことがあります。したがって、あまり実費精算の方法はとられません。

ただし、分離発注している場合には、実費精算の方法をとらざるをえないこともあります。分離発注とは、注文者が工事内容ごとに直接業者

第4部　具体的問題類型

に個別に発注している場合をいいます。

　なお、注意しなければいけないのは、設備のランクを上げた場合に、据付費も漫然と上げてしまうことのないようにすることです。据付費は、当初見積りの段階では物の値段の割合で計算しますが、物の値段が上がったからといって、据付費も当然に上がるわけではありません。

第3章 リフォーム

請負（新築）契約と比較したリフォームの特殊性

(1) 概　説

　新築工事の請負契約は、ほとんどの契約が1,500万円を超える契約であり、建設業者として一定の許可要件を満たしている業者が契約の当事者となることが一般的です（建設業法3条1項、同法施行令1条の2）。一方、リフォーム工事は、既存建物が前提となる工事であって、必ずしも建築本体そのものの専門家ではない業者も多数参入しているのが実情です。

　また、リフォームの内容は、その前提となる住宅の状態、築年数、構造、維持管理の状態、居住者の家族構成など実に多様な状況を前提として、注文者の要望も、簡便な機器類の取り替えから、大幅な改築・増築まで多様です。

　この多様な業者の参入と、多様な工事内容の請負という状況の下で締結される請負契約は、新築工事請負契約時よりさらに、契約締結時の業者の説明、契約内容の確定などに問題を生じやすい土壌があります。

　加えて、書面作成の面においても励行されることは期待し難い場合が多いのが実情です。

　以上のようなリフォームの土壌を前提としたリフォームの契約に伴う問題点は、次のようなものとなっています。

185

第4部 具体的問題類型

(2) 資料の不足に伴う契約内容の不明確性

契約書はもとより、図面も存在せず、見積書だけ（それも「一式」というような不完全なもの）という場合も少なくありません。

リフォーム契約の内容やリフォーム工事の内容を検討するためには、リフォーム工事実施前の原状と、リフォーム工事実施後の現状を比較する作業が必要となります。

(3) リフォーム後の不具合現象の責任範囲の不明確性

既存住宅を前提とするため、リフォーム前の元々の工事がずさんであった場合、リフォーム工事の後に瑕疵が判明しても、その瑕疵の責任の所在について、リフォーム工事業者に責任が問えるのかどうか、すなわち工事の瑕疵についての責任の範囲が問題となることがあります。

例えば、クロスの貼り替え後の歪みが、貼り替え工事のずさんさに起因するのか、元の下地自体に工事ミスがあったのかなどが問題となることがあります。

(4) 建築専門知識の欠如した施工

注文者の望むリフォーム工事、特に部分的であっても構造体に手を加える工事は、既存建物の安全性を損なうことなく施工がどこまで可能か、請負人には、契約前に一定程度の確認をしたうえで注文者に説明する義務があるというべきです。

リフォームといっても、室内の壁紙の張り替えなど、構造体には直接関係のない、インテリアのやり替え程度であれば大きな問題も起こりませんが、それでも室内に取り付けられている空調機などの設備の移動・再設置が必要となることは多く、設置に際して筋交いを切断するなど、構造耐力に問題を生じさせるおそれのある施工がされて紛争となることはよくある事例です。

186

第3章　リフォーム

さらに、間取りの変更などを伴うリフォームに際しては、耐力壁を撤去されて問題となるケースもみられます。

 注文者・請負人各々からの請求

(1)　注文者からの請求
①契約内容どおりに施工されていない、②工事内容がずさんである、③主要構造部が破損された、などの請求が考えられますが、請求方法は、「請負（新築）」の場合と同じです。

(2)　請負人側からの請求
契約内容が不明確であることにより、合意内容について当事者間で認識のそごがある場合があります。

そこで、請負人から、合意があったとして①工事代金請求がされたり、②追加工事代金請求がされたりすることがあります。これらの請求は、請負（新築）契約の場合と同様に起こりうることですが、リフォームの場合は、既にあるものの改修ですので、契約内容や工事内容が一層不明確になる傾向があります。さらに、500万円未満の工事は建設業法上の許可が不要である（建設業法3条1項、同法施行令1条の2）など、多くの場合、特別の資格を要しないため、この傾向は一層顕著なものとなり、トラブルの原因の一つとなっています。

 契約・工事内容の特定方法

(1)　リフォーム契約の内容の特定
請負契約書、図面（改修前、改修後）、工程表、見積書、請求書、領

収書等で特定することになります。

　これらの書面による資料がほとんどない場合において、リフォーム工事請負契約の業者の債務の内容を確定するためには、リフォームを依頼した動機、当時の既存建物の状態、契約金額などを注文者から聞き取り、日常経験則から合理的な依頼内容を推測することになります。

　例えば、古い木造住宅において、バリアフリーに改築する工事を希望していた場合、床の段差の解消、ドアの幅、手摺りの設置などの注文者の希望内容が、通常バリアフリーの改造における内容と同程度であれば、その程度に達していない工事は契約内容を満たしていないと考えることになります。

　バリアフリーの改修においては、工事費用との関係で、当初にどの範囲まで依頼していたかは問題となりますが、工事費が比較的安価であっても、ケースによっては、最低限の工事内容であり、業者の見積り落ちとして当初の工事内容に含まれていると考えるべき場合があると思われます。

(2)　リフォーム工事内容の特定

　工事前の写真、工事後の写真、工事報告書、資料（パンフレット等）、業者との打ち合わせメモ等によって特定することになります。

　これらの書面による資料がほとんどない場合における工事内容の確定方法は、(1)と同様です。

 具体的主張類型

(1)　**施工された商品が契約内容と異なると主張している場合**
　ア　契約書や見積書等から、どのような商品を契約したのかを特定します。

第3章　リフォーム

　イ　明確な資料がない場合には、業者から受け取った商品の保証書、
　　カタログ、業者との打ち合わせメモ等から特定していきます。
　ウ　「最低限の機能性の充足」
　　注文者が特別な思い入れ（例えば、特定のカラーや形状）を業者に
　明示していたことが客観的に立証できる場合を除いて、「最低限の
　機能性の充足」をベースに契約内容を検討することになります。

(2)　工事がずさんであると主張している場合

　単なる美観上の問題は、基本的に補修や損害賠償の問題とはなりに
くいと思われます。ただし、リフォームは、既存住宅を前提として、
新たな機能を追加したり、あるいは機能を変更したり、さらには、機
能面とともに美観面で更新するための工事ですから、リフォームをし
た意味がないほどに機能的及び美観的にずさんな施工については検討
対象となりえます。

(3)　主要構造部の破損

　空調機など設備の移動・再設置が必要となるリフォームにおいて、
設備設置に際して筋交いを切断するなど構造耐力に問題を生じさせる
施工がされた場合、さらに、間取りの変更などを伴うリフォームに際
して耐力壁を撤去されて耐震性などの安全性に問題を生じさせた場合
などがあります。
　リフォーム工事の施工過程において、本来の契約内容の実現に伴う
付随義務として既存住宅の安全性を損なわないように施工をするとい
う注意義務があります。このような義務違反を根拠として、債務不履
行ないし不法行為に基づく損害賠償請求をすることが考えられます。
また、補修工事を請求することも考えられます。

189

第4部　具体的問題類型

 マンションの居室のリフォームの問題点

(1) 区分所有法の理解

専有部と共有部との区別をしておくことが必要です。例えば、バルコニー（例えば、バルコニー床に石を貼り付けるような工事）、配管、隣室と隔てる壁、窓ガラスに手を加えるような場合は、管理組合の承諾が必要となります。

(2) 既設部分との関係

既設部分に適合した資材等の選択ができていなければなりません。

既設部分の調査は不可欠となります。例えば、配管のサイズの検討などは重要です。

また、間取りの変更工事に際しては、耐力壁の確認も不可欠です。

 リフォーム被害の増加の可能性

人件費や資材の高騰、少子高齢化の影響で、これまでのスクラップ＆ビルドの時代は転換を迫られています。

生活設計の変更（4人家族から夫婦2人の生活へ）や、都心の便利な地域にある中古マンションの購入等に伴うリフォーム需要は今後一層増える可能性があります。他方で、建物全体や構造に関わるような大規模リフォームでない限り、建設業法上の許可など、特別な資格は不要であることから、業者のレベルは様々であるため、リフォームの特殊性とあいまってリフォームに関する紛争は増加傾向にあります。

相談を受けた場合は、契約内容特定のための資料収集はもとより、区分所有法、消費者保護関係法令（特商法等）も視野に入れながら対

応する必要があります（第1部第2章参照）。

 注文者へのアドバイス

　リフォーム工事における相談事例として、既存建物の状態からの制約で、もともと実現できない工事を注文者の希望で業者が請け負うケースがあります。

　工事途中で注文者の希望のとおりの施工ができないことに気がついた業者が、注文者に十分な説明をせず、また了解を得ることなく工事内容の変更をすることが往々にしてあります。工事途中で突然、変更を申し出られた注文者は、変更後の工事のイメージを十分持つことなく、しぶしぶ変更に応じたが、完成してみると当初に依頼したものとは全然違うとして、やり直しを申し入れることになります。業者から注文者の了解を得たうえで施工した工事であると言われて、納得できない注文者が相談に出向くというようなことになります。

　リフォーム工事は新築工事と異なり、今ある建物を前提にする工事ですので、工事内容に制約があることは当然です。しかし、建築の素人である注文者はそのことを意識していることは多くはありません。加えて、リフォーム業者も建築の専門家でない場合には、工事に関するトラブルが生じるのは必然的ともいえるのではないでしょうか。

　トラブルを防止するためには、注文者としては、希望する工事内容をできるだけ書面で明確に伝え、自分では困難と思ったときは、契約前に念のために相談窓口（第6部巻末資料参照）などで相談してから契約するようにすれば安心です。当初の契約内容から変更が必要になったときも、書面で明確にしておくことを業者に求める勇気を持つことが必要と思われます。

第4章 売買契約の場合

 買主から売主に対する請求

(1) 瑕疵担保責任

ア 民法上の請求

　完成している建売住宅やマンションを購入したような場合、すなわち建物について売買契約を締結した場合、その建物に「隠れた瑕疵」があれば、売主は瑕疵担保責任を負います（民法570条）。

　契約の目的を達することができない場合には、買主は売買契約を解除し、支払済み代金の返還を求めることができます（民法570条本文、566条1項）。

　どのような場合に「契約の目的を達することができない」といえるかは、個々の事案に応じて判断することになりますが、瑕疵の重大性、技術的な補修の可否のほか、補修に要する金額等も考慮して決することになります[26]。

　例えば、居住用の土地付建売住宅を購入したが、土地上の建物について床面の傾斜、壁・床面の亀裂など居住に著しい困難をもたらす多数の不具合が発生し、かかる瑕疵が土地の性状に起因する地盤沈下によるもので、その不具合を解消するためには基礎工事の抜本的なやり直しが必要であるところ、建物の補修に要する金員が多額

---

26) 松本＝齋藤＝小久保・前掲注1）42頁

第4部　具体的問題類型

で建物新築に匹敵するほどであったという場合に，売買契約の目的を達することができないとして解除及びこれに基づく原状回復請求としての売買代金返還請求を認めた事案があります（東京地判平成13年6月27日判タ1095号158頁）。

　契約の解除ができない場合、つまり、契約の目的を達することができない程度の瑕疵でない場合には、損害賠償請求のみが可能です。

(ア)　隠れた「瑕疵」[27]

　民法570条にいう「瑕疵」とは、具体的な契約を離れて抽象的に捉えるのではなく契約当事者の合意、契約の趣旨に照らし、通常または特別に予定されていた品質・性能を欠く場合をいうということで、ほぼ異論がない状況とされています。具体的には、売買契約の当事者は、①一般に、給付された目的物が、その種類のものとして通常有すべき品質・性能を有することを合意し、また、②ある品質・性能を有することが特別に予定されていた場合には、そのように特別に予定されていた品質・性能を有することを合意しているといえ、これらの合意に基づき通常または特別に予定されていた品質・性能を欠くことが瑕疵と捉えられることになります。[28]

　なお、売買契約における瑕疵の判断基準・類型は、請負契約の場合とほぼ同じです。

(イ)　「隠れた」瑕疵

　請負契約の場合と異なり、売買契約において瑕疵担保責任を負うのは「隠れた」瑕疵の場合です。

　「隠れた」瑕疵であるというためには、①通常人が取引上要求

---

27)　民法（債権関係）部会第99回会議（平成27年2月10日開催）において決定された「民法（債権関係）の改正に関する要綱案」では、「瑕疵」という用語は用いられず、「種類又は品質に関して契約の内容に適合しない」との表現を用いています（法務省ウェブサイト）。

28)　法曹会編『最高裁判所判例解説民事篇平成22年度（上)』341頁以下

194

される一般的な注意を用いても発見できないものであり、かつ、②当該買主が知らず、かつ、知りえなかったものであることを要します。

イ　品確法による特例

新築住宅の売買契約について、品確法95条は以下のとおり民法上の瑕疵担保責任の特例を定めています。

「新築住宅の売買契約においては、売主は、買主に引き渡した時（当該新築住宅が住宅新築請負契約に基づき請負人から当該売主に引き渡されたものである場合にあっては、その引渡しの時）から10年間、住宅の構造耐力上主要な部分等の隠れた瑕疵について、民法第570条において準用する同法第566条第1項並びに同法第634条第1項及び第2項前段に規定する担保の責任を負う。この場合において、同条第1項及び第2項前段中『注文者』とあるのは『買主』と、同条第1項中『請負人』とあるのは『売主』とする。」（1項）

「第1項の場合における民法第566条第3項 の規定の適用については、同項 中『前2項』とあるのは『住宅の品質確保の促進等に関する法律第95条第1項』と、『又は』とあるのは『、瑕疵修補又は』とする。」（3項）

したがって、品確法の適用がある住宅については、構造耐力上主要な部分等の瑕疵があれば、建売住宅等の売買契約に基づき入手したとしても、民法634条1項・2項前段の担保責任に基づく修補請求が可能です。

(2)　債務不履行

建物の売買契約はいわゆる特定物売買であり、他人物売買において所有権が取得できなかった場合などの特殊な例を除いては、通常は債務不履行責任を追及することは困難です。

(3) 損 害

損害については、請負の場合（160頁以下）を参照してください。

なお、この点、売買契約における瑕疵担保責任に基づく損害賠償請求の場合、法定責任説によれば信頼利益以外は賠償の対象とならないところですが、瑕疵担保責任に基づき賠償請求をした場合であっても、履行利益を損害として認定している裁判例があります（大阪地判平成12年9月27日判タ1053号137頁）。

買主から売主以外の者に対する請求

(1) 仲介業者に対する請求

不動産の売買契約において、宅地建物取引業者が仲介契約を締結して仲介業務を行う場合、仲介業者は、準委任契約に基づき、善管注意義務を負います（民法656条、644条）。

また、宅建業法は、宅地建物取引業者ではない者が業として宅地建物取引の仲介を行うことを禁じているところ（宅建業法12条1項、79条2号）、直接仲介契約を締結していない宅地建物取引業者であっても、宅地建物取引業者は宅地建物取引業者の介入に信頼して取引をなすに至った第三者に対しても、信義誠実を旨とし、権利者の真偽につき格別に注意する等、不測の損害を避けるための業務上の一般的注意義務を負うとされています（宅建業法31条、最二小判昭和36年5月26日民集15巻5号1440頁）[29]。

そして、宅地建物取引業者は重要事項について説明義務を負い（同法35条）、説明義務の前提としての調査義務も負っています。

したがって、仲介業者が課せられた注意義務を懈怠したために買主

---

29) 渡辺晋＝布施明正『不動産取引における瑕疵担保責任と説明義務』470頁（大成出版社、初版、2010年）

第4章　売買契約の場合

に損害が生じた場合，買主は仲介業者に対し，仲介契約を締結している場合には債務不履行責任，契約関係にない場合には不法行為責任に基づき損害賠償請求をすることができます。

例えば，仲介業者が雨漏りをうかがわせるような漏水があったことを認識しながらかかる説明を行わなかったような場合，買主は仲介業者に対し，債務不履行若しくは不法行為に基づき，被った損害の賠償を求めることができます[30]。

ただし，仲介業者の調査能力には限界があり，取引対象不動産の隠れた瑕疵に関する専門家的調査や鑑定能力まで要求することはできないとされていることには注意が必要です（大阪高判平成7年11月21日判タ915号118頁）[31]。

(2)　名義貸しした建築士に対する請求

建売住宅に瑕疵がある場合で、その住宅の工事監理に関し名義貸しを行った建築士がいる場合、買主としては、当該建築士に対し、不法行為責任を求めることが考えられます。

詳細については、159頁記載の最高裁平成15年11月14日判決（判時1842号38頁）を参照してください。

30）渡辺＝布施・前掲注29）504頁
31）渡辺＝布施・前掲注29）482頁

197

第5部

建築士の視点

建築士から見た建築（戸建て住宅）紛争に巻き込まれないための留意点

一級建築士　河添佳洋子

法的な事柄

(1)　敷地選定

　住宅を建てるには「土地」が必要で、その土地を「敷地」といいます。

　建築基準法施行令は、用途上不可分の場合を除いて「1敷地1建物」と規定しています（登記上の「1筆」とは無関係です。）。同一敷地内に、例えば離れを別棟で建てる場合、そこに台所やトイレがあれば、法的には別敷地としなければならない可能性が高いです。

(2)　都市計画

　住宅を建てる敷地を選定する場合、まず、その土地に定められた都市計画内容をチェックすることです。工場地帯などでは、住宅が建てられない可能性がありますので注意する必要があります。

(3)　道　路

　住宅に限らず建物を建てる敷地は、道路に接していなければなりません。

　そして、その道路は、幅員4m以上であることが必要で、もし

第5部　建築士の視点

4m以下の場合は、道路境界線を後退して4mを確保しなければなりません。古くからの町並の場合、多くは中心後退して道路中心線から2mの位置を道路境界とみなすことになります。当然に敷地面積はその後退分減少しますが、所有権とはリンクしません。

さらに、敷地は道路に2m以上接していなければなりません。これを満足しなければ建物の敷地として認められません。

なお、道路は、都道府県道や市道でなく私道の場合もありますが、多くの場合上下水道やガスなどインフラが埋設されているので、自治体と個人のいずれに帰属するかを事前に確認しておくべきです。

(4)　隣地境界

隣地との境界は確定しておくべきです。新しい宅地は境界が確定していて鋲などが打たれていますが、古くからの住宅地であれば曖昧な場合もあります。特に、長屋や塀について境界が争われる例が見られます。広大な土地であれば神経質になる必要はないと思われますが、都市部では非常にシビアな問題です。家庭内の伝承だけでは済まず、隣接地との協議に難渋することもあります。

どのような住宅を建てたいか

どのような住宅を建てたいか、予算・規模・外観等々について建築主（場合によっては家族も含めて）が自ら検討しなければなりません。

もっとも、住宅展示場などで気に入った住宅をそのまま発注する場合は大きな問題はないのかもしれませんが、用意している敷

200

第5部　建築士の視点

地に入りきらない場合もあるので要注意です。

　最も手軽な方法は、気に入った写真やイラストや記事のスクラップブックを作ることです。それらすべてを満足できる可能性は低いですが、それでもあなたや家族の「思い」「感覚」は伝わりやすいです。

　予算は、ある程度明確に伝えることが必要です。そして、その予算にはどこまでを含むのか、例えば収納家具について造り付けにすれば建築工事費に含まれますが、簡単に移動できる食器棚や箪笥などの置き家具は、通常は別予算となります。また、その他の仕様については、事前に施工者との間でよく確認しておくことです。資金を、住宅金融支援機構など公的資金から調達する場合、規模や性能の規定がありますし、手続が煩瑣な場合が多く、別費用を要する可能性もあります。

　極めて当たり前のことですが、新築する建物は適法でなければなりません。後でも触れますが、建築関連法令は非常に複雑・難解で、建築関係者以外の立場で紐解くことには大きな困難がともないます。消費者としての常識を超える範囲の事柄は、建築士に依頼するべきでしょう。

住宅建築の関与者と完成までの流れ

(1)　設計者
ア　設計者の選定

　住宅だけでなくビルでも工場でも倉庫でも、建築する建物の種類にかかわらず、新築等をするには設計者が必要です。

　かつての日本では、住宅は普請好きの旦那衆が大工の棟梁と打ち合わせながら間取りや仕様を決めていました（この場合の旦那衆は、実質的な設計者に当たります。）。しかし今日、木造で

第5部　建築士の視点

あれば100㎡、その他の構造物であれば30㎡を超える建物の設計は、「建築士」でなければ、原則的にはできません（建築士法3条）。自治体によっては、この制限を強化している場合もあります。

つまり、自己の住宅であっても、一定規模を超える建物を設計するには建築士資格を要します。

イ　建築士事務所

対価を得て建築物を設計するには、原則として建築士資格が必要であり、その建築士は建築士事務所に所属していなければなりません（建築士法23条）。

建築士には、一級・二級・木造などの区別があるほか、建物の構造や規模によっては、構造設計一級建築士等の資格が必要な場合もあります。

ウ　住宅作家

近年住宅雑誌などで「住宅作家」という呼称が出現しました。ビルや店舗は手がけず住宅設計に専心する建築家の自称で、建築士のほかインテリアデザイナー・インテリアプランナーの場合もあります。インテリアデザイナーは「インテリア」だけでなくファサードなど外観や照明計画等も手がけますが、主な業務は色彩計画や家具設計、装飾設計など建築関連法令から距離を置いた事柄を対象としています。

しかし、建築確認をはじめとする行政手続には資格が要求され、その住宅作家が自ら諸手続を行えない場合には思わぬトラブルを招く可能性があるので注意を要します。どういう資格で業務に関わってもらえるのかを明確にしておく必要があるでしょう。

エ　設計とは

建築士法2条には下記のように定義されています。

第5部 建築士の視点

「この法律で「設計図書」とは建築物の建築工事の実施のために必要な図面及び仕様書を、「設計」とはその者の責任において設計図書を作成することをいう。」

つまり法令上は、必要な図面や仕様書を作成することが「設計」ですが、実際には、その前に「計画」や「デザイン」という段階を経ています。

住宅計画は、効率だけで割り切れるものではありませんし、「普通」であればよいというものでもありません。せっかく住宅を建てるのですから、それぞれの家族の個性に合わせたものでありたいと願うのは当たり前で、諸法令を満足しながらこれを具現するのが「設計」です。

オ　設計者選び

住宅設計は建築的な知識のほかに、「感性」とか「おもんぱかり」など家庭生活を育む環境への深い造詣が必要となります。

他方、とりわけ今日的なテーマである高齢者への配慮は、建築設計界の誰もが持ち合わせるものではありません。一般解で片づけられない内容、つまりその家族特有の事情が大きい要素となりますので、依頼者が具体的に希望を伝えることも必要となります。

また、住宅の場合は特に、設計者との相性が重要です。自分や家族のことを理解してくれそうな設計者を選定するよう心がけましょう。

知り合いから紹介された建築士が、必ずしもあなたの家の設計者としてふさわしいとは限りません。たまたま知った建築士と相性が合うこともあります。

設計者選びには十分時間を掛ける心積もりで臨みましょう。この人がいいかも、と思えば、事務所を訪れて話を聞きましょ

203

第5部　建築士の視点

う。もちろん、口下手な設計者もいますが、一定時間話し合えば自分や家族との相性がわかります。それに要した時間に対する対価を請求されることは少ないでしょうが、念のために事前に確かめておきましょう。

そして、「この人とは合わない」と思えば丁重に断りましょう。

「設計をこの人に依頼してみよう」と気持ちが固まったら、その設計者ならどんな家を提案してくれるかを過去の作品や写真などで具体的に確認します。

カ　間取り・外観

新しい住宅に希望する間取りや外観・予算等を、家族の中で話し合い、設計者に伝えます。

自分は特殊な住宅など求めてはおらず、一般的な、あるいは普通の住宅であればよいと言う人は多いです。それならば、建売住宅などでもよいのでしょう。

しかし、たまたま土地があったなどの事情で注文住宅を建てることになった場合、それでも規模や間取りや外観等についてある程度の要望を明らかにしないと、建物は計画できません。

あなたにとって「普通」の住宅が、誰にとっても普通とは限らないのですから、そこは腹をくくって自己と向き合い、あるいは家族と話し合って、一定の希望内容を特定すべきです。

キ　設計委託契約

この人に設計を依頼しようと決まれば、まず、工事予算を明確にして設計委託契約を締結します。設計者が独自に予算を算定する場合もありますし、心積もりのある施工者に概算してもらう場合もあります。設計者は工事請負者とは別ですから、値引きなどをシビアには検討できませんが、逆に、予算が厳しければ別の施工者に変更することが可能です。

第5部　建築士の視点

　当たり前のことですが、初期の段階で確実な予算を立案できることは極めて珍しいです。坪あたりいくらという程度の話でしかありません。

　設計委託契約には、業界団体が用意している書式がありますが、独自様式を用いる設計者が多いです。

　前者は、住宅以外の例えば公共建築物やビル、工場等、あらゆる種類の建物を対象としたものなので、住宅にはなじみ難い側面があります。そのため、主に住宅を手掛けている設計者は、これに即した書式を独自様式として用意していることが多いようです。

　設計は、大きく、基本設計と実施設計という段階を踏みます。

㋐　基本設計：配置・間取り・外観等

　成果図書は、配置図・平面図・立面図・断面図等です。

㋑　実施設計：基本設計をベースとした構造や室内意匠・外観等の詳細設計

　成果図書は、仕様書・平面詳細図・矩計（かなばかり）詳細図・断面詳細図・展開図・構造図・設備図等です。

　設計図書の図種は、その建物の内容に応じて変化します。基本設計図書は、概略予算を算定する資料となりますし、実施設計図書は工事費を詳細に算定する資料となります。

　設計委託契約には、当然ながらその対価としての報酬や概略スケジュールが記載されます。仮にラフプランは合意できていたとしても、断熱性能や防音性能、設備内容など詳細仕様によって工事費は大きく左右されます。

　設計完了の概念は「設計図書の完成」ですが、法令を細微についても満足しているかは、建築確認をはじめとする行政手続の完了を待たなければなりませんし、工事費が予算内に

205

第5部　建築士の視点

収まっているかは、施工者の詳細見積を経なければ確定できません。何をもって設計完了とするかは大きな問題で、単に図種が出そろっただけでは設計完了とはいえません。

建築関連法令は実に難解であると同時に解釈に幅のある条文もあり、行政手続で変更を余儀なくされる場合があります。また、工事費の合理化のために仕様変更しなければならないこともあります。

行政手続に起因する設計変更のために、追加報酬を請求されることは少ないですが、実施設計の段階での大幅な設計変更には、追加報酬を要する場合もあります。

ク　建築確認⇒確認済証

行政手続には建築確認のほかにも多々ありますが、ここでは建築確認に限定して述べます。

建築確認の申請先は、原則的にはその地の自治体の建築主事ですが、近年は民間確認機関が扱うことが多くなっています。この申請には、木造住宅の場合は基本設計図書で足りることが多いのですが、鉄骨造やRC（鉄筋コンクリート）造ですと、詳細な構造図や構造計算書が必要となりますので、実施設計が完了しないと申請できません。

最低限正副2通で申請し、手続が完了すると「確認済証」として1通が返却されます。申請図面が一式綴じ込まれていて、後年増改築等を行う場合には必須の資料です。

ケ　監　理

監理は、法的には「その者の責任において工事を設計図書と照合」することです（建築士法18条3項）。

しかし、住宅の場合には、オフィスやマンションと比較すると、この概念はなじみにくいです。建築士法の規定は、建築関連法令を満足しない建物ができることの阻止を目的とするもの

206

第5部　建築士の視点

であり、それ以上に快適なあるいは楽しい住宅の創造を前提と
したものではないからです。

　何よりも、住宅の設計図書に含まれる図種は、オフィスやマ
ンションと比較すると少なく、法令がいう「設計図書と照合」
するだけでは、下手をすれば何の変哲もない必要最低限の住宅
しかできない可能性が高いのです。

　では、どのようにして好ましい住宅を完成させるのかといえ
ば、設計図書では表現しきれない事柄を、監理を通じて具現し
ていくこともあります。

　依頼した設計者を真に信頼でき、自らの住まいを託し共に考
えられる人格だと判断すれば、監理を委託することがよいです
し、そうすることで確実な、あるいは時として意図した以上の
住まいを得ることができます。

　多くの場合、設計と監理を一貫して、設計監理委託契約を締
結します。

(2)　施工者

ア　施工者の選定

　建築主が、最初から施工者を決めている例は少なくありませ
ん。

　「家」との古い付き合いなどは、大切にする価値はありま
す。住宅は、一生に一度あるかないかの買い物ですから、信頼
できる業者に施工してもらうことは当たり前です。住宅には、
相応のメンテナンスが必要で、これを新築工事の施工者が永年
にわたって担当することが理想です。

　建築工事は、通常は総合請負業者に依頼します。基礎工事か
ら内装仕上げ、設備工事までを総合的に請け負わせ（総合請
負）、責任範囲を明確にしておきます。まれに、設備工事など

207

第5部　建築士の視点

を「分離発注」とする場合がありますが、その項目について
は、総合請負業者の責任範囲から外れるので注意しなければな
りません。

　例えば、「建築条件付」の土地を購入した場合の条件として
決められた施工者の技量は不明ですので、意図する住宅を提供
できるかどうかは不透明であることを肝に銘じておきましょ
う。条件内容を明確にし、過去の物件の見学なども有益です。

　特段依頼したいと考える工務店がない場合は、設計者と相談
しましょう。設計者は、自ら設計した住宅を予算の範囲内で施
工できる施工者を懸命に選定するものです。

イ　工事請負契約

　工事請負契約は必ず書面で行います。通称「民間（旧四会）
連合協定」と呼ばれる契約書式と約款を用いる場合が多いで
す。これらに設計図書を加えて工事請負契約書とし、丁寧な場
合はハードカバーに工事名称や契約当事者（建築主・設計者・
監理者・施工者）名を表紙に金文字で記入して製本します。こ
の装丁にすることで、誰の眼にも重要書類であることが即時に
理解でき、逸失することが避けられます。

　契約書には工期と工事費分割払いの支払時期が明記されま
す。約款には、遅延損害金や清算方法が記載されているので必
ず目を通し、納得できてから調印するよう心がけましょう。な
お、融資をたのみとして工事する場合、その手続と請負契約書
の内容にそごがないかどうか、入念にチェックします。

　設計者とは別の建築士に監理を委託する場合は、その監理者
は、法令どおり「建築士の責任において工事を設計図書と照合
し、それが設計図書のとおりに実施されているかいないか確認
すること」を責任範囲とします。施工段階で設計図書に疑義や
変更が生じた場合、監理者は設計者に確認することになりま

第5部　建築士の視点

す。設計図書の充実度が低いとしても、監理者が補完すること
は容易ではありません。

ウ　工事の施工

　請負金額の大きい工事では現場管理者が常駐しますが、住宅
現場では、巡回管理で複数の現場を掛け持ちするケースもあり
ます。必ずしも後者が劣るというものではなく、現場のチーム
ワークで優れた住宅を創りあげますが、不安があれば、監理者
と相談するのもよいでしょう。ただし、その監督の工事期間中
の経費を負担する覚悟が必要です。

　設計図書が多量に作成されていたとしても、施工中に決定し
なければならない項目は数多くあります。何もかも監理者に委
ねてもよいですが、時々は現場を訪れて、進捗状況を目の当た
りにすることには意味が大きいですし、現場の励みにもなりま
す。建築主の顔が見える現場には、無言のうちの配慮も生じま
す。

　ただし、現場を訪れる場合は必ず監理者か現場管理者の了解
を得る必要があります。例えば、コンクリート打設の日に建築
主が現場を傍観するのはよいですが、あれこれ質問すると現場
が困惑します。

エ　中間検査・完了検査⇒中間検査合格証・完了検査済証

　監理者は、その建物の内容に応じて現場をチェックします。
その内容には、法令に準拠しているかどうかの確認も含まれま
すが、それ以外に、例えば図面では表現しきれていない内容の
検討も含まれています。

　これとは別に、建築確認手続の一部である中間検査は主に構
造について、完了検査は工事の完了を確認する検査です。いず
れも、建築確認手続の申請内容どおりに施工されていることを
行政が検査するもので、それぞれに中間検査合格証、完了検査

209

第5部　建築士の視点

済証が発行されます。

　中間検査の時期は、建物構造や自治体によって相違し、数回行われる場合もあります。

　検査済証はいわば建物の出生証明書であり、重要書類ですので、確認済証と共に大切に保管しましょう。後に増改築する際に必要となりますし、売却する場合には必須となることがあります。

オ　竣　工

　行政手続の一部である完了検査は、例えば照明器具がなく、作り付けの家具工事が未了であっても原則的には問題なく行われます。これに対して、監理者が行う竣工検査は（監理委託契約の内容にもよりますが）、工事請負契約に基づく工事の完了を検査するもので、行政の完了検査をもって竣工とはいえません。

カ　引渡し⇒引渡証明書

　工事中の建物は請負者の管理下にあります。請負者が引渡証明書を発行し鍵を渡して、正式に建築主の管理下に入ります。

第6部

巻末資料

巻末資料一覧

◆建築訴訟における書式例
① 瑕疵一覧表
② 瑕疵一覧表の記載例
③ 追加変更工事一覧表（本工事表記）
④ 追加変更工事一覧表（本工事表記）の記載例
⑤ 追加変更工事一覧表
⑥ 追加変更工事一覧表の記載例

◆行政に提出される申請書類及び交付される書類
⑦ 確認申請書
⑧ 確認済証
⑨ 中間検査申請書
⑩ 中間検査合格証
⑪ 完了検査申請書
⑫ 完了検査済証

◆確認申請書に添付される図面等（下記のほか、附近見取図、敷地計画平面図、測量図、面積表、２階建て木造住宅構造計算書等があります。）
⑬ 概要書
⑭ 仕上表
⑮ 仕様書
⑯ 配置図
⑰ 平面図
⑱ 立面図
⑲ 断面図
⑳ 矩計標準図、準耐火リスト
㉑ 耐力壁金物図
㉒ 基礎伏図
㉓ 土台伏図
㉔ ２階梁伏図、小屋伏図
㉕ １階設備図
㉖ ２階設備図

◆その他の図面、書類等
㉗ 従来軸組構法、枠組壁工法の架構
㉘ 建物引渡書（引渡証明書）
㉙ 建物受領書

◆住宅関係全般に係る相談窓口について

第6部　巻末資料

①瑕疵一覧表

平成24年(ワ)第○○○○号、平成24年(メ)第○○○○号

瑕疵一覧表（平成24年○○月○○日原告作成）

番号	項目	現状 施主側(原告) 主張	現状 施主側(原告) 証拠	現状 施工者側(被告) 主張	現状 施工者側(被告) 証拠	あるべき状態と根拠 施主側(原告) 主張	あるべき状態と根拠 施主側(原告) 証拠	あるべき状態と根拠 施工者側(被告) 主張	あるべき状態と根拠 施工者側(被告) 根拠	補修費用等 施主側(原告) 金額	補修費用等 施主側(原告) 証拠	補修費用等 施工者側(被告) 主張	補修費用等 施工者側(被告) 金額	補修費用等 施工者側(被告) 証拠
1														
2														
3														
4														
	合計													

*1 基礎、外壁、1階玄関、洋室1、和室1、…、2階、屋根というように、検分順序を想定し、主張する箇所・主張する箇所の部位ごとの順番で記載するようお願いします。
*2 証拠は、号証、具体的な頁、必要に応じて該当箇所のラインマーカーによる特定をお願いします。
*3 あるべき状態を求める根拠には、履行を求める根拠とその状態の差の量、履行請求の場合、住宅金融支援機構基準、建築基準法等の法令、技術的基準等）を具体的に記載してください。

大阪地方裁判所ウェブサイト
http://www.courts.go.jp/osaka/saiban/kentiku/02_08_ryuiten04/index.html

②瑕疵一覧表の記載例

（記載例）

事件番号につき、原告の事件番号以外に、訴訟である場合は、調停事件番号も記入してください。…平成24年（ワ）第○○○○号（平成24年（ワ）第○○○○号）

瑕疵一覧表（平成24年○○月○○日被告作成）

番号	項目	現状 施主側（原告）主張	証拠	現状 施工者側（被告）主張	証拠	あるべき状態と根拠 施主側（原告）主張	証拠	施工者側（被告）主張	根拠	補修費用等 施主側（原告）主張	金額	証拠	施工者側（被告）主張	金額	証拠
1	基礎	…の位置において、布基礎のかぶり厚が44mmしかない。	甲1のうち○頁及び○写真No.1	否認する。原告のかぶり厚の測定は、…の点で正確性に欠ける。被告が正しく測定すると、かぶり厚は65mmある。	乙1の○頁及び○写真No.1	基礎において、かぶりコンクリート厚は、捨てコンクリートの部分を除いて6cm以上としなければならない。	建築基準法施行令79条1項 法令違反	基礎のかぶり厚が6cm以上としなければならないことは認める。		かぶり厚を確保するためには、…やり直し工事が必要がある。	3,000,000	補修方法につき、甲3の1頁、補修費用につき、甲3の10頁No.1	補修の必要はない。	0	乙1の○頁及び写真No.1
2	1階居間と床の間の間	1階居間と床の間の間に7mmの段差がある。	甲1のうち○頁及び○写真No.2	否認する。段差は最大4mmである。	乙1の○頁及び○写真No.2	本件宅は造機・バリアフリー新基準適合住宅であるから、同部分の段差は3mm以内とすることを要する。	甲20の5頁 黄色のアンダーライン部分 法令違反	認める。ただし、現状は施工上誤差の範囲内であり、違反はない。		床の間の床を張り替える工事が必要である。	750,000	甲3の10頁No.2	補修の必要はない。	0	
3	2階階段	設計図書で定められた非常灯が設置されていない。	甲1のうち○頁及び○写真No.3	認める。	乙1の○頁及び○写真No.3	…という種別の非常灯を設置すべきである。	甲20の2頁 黄色のアンダーライン部分	仕上○頁については、その設計図明示されている。予定違反		○製の非常灯を設置する工事を行う。	50,000	甲3の10頁No.3	認める。ただし、原告の指摘する見積のうち、…については高すぎる。…せいぜい、2万円をもって2万円を超えれば、設置費用は適正な主張額より1万円安くなる。	40,000	乙2の○頁
4	屋上増築	屋上から出入りに入る塔屋出入口のドア部分の立上りが13cmになっている。	甲1のうち○頁及び○写真No.4	現状は塔屋への工事確保されていない。その後、塔屋主が工事した結果3cmになった。	乙1の○頁及び○写真No.3	屋内への漏水を避けるために、立ち上がり部分を15cm程度設けるべきである。	甲20の6頁 黄色のアンダーライン部分	社会通念上、現状の立ち上がり部分が15cm以下でも、木造住宅としては施工不良		立ち上がり部分を再施工し、15cm以上とする工事を予定する。	500,000	甲3の10頁No.4	補修の必要はない。	0	Z3の○頁及び2頁、写真No.4 付以下
	合計										4,300,000			40,000	

＊1　基礎、外壁、1階玄関、洋室1、和室1、…、2階、屋根というように、検分順序を想定し、主張する箇所の部位ごとの項目を摘示する順番で記載するようお願いします。
＊2　証拠は、号証、具体的な頁、必要に応じて該当箇所のラインマーカーで特定をお願いします。
＊3　あるべき状態とその根拠については、履行を求める根拠（契約、建築基準法の最低基準、技術水準）を具体的に記載してください。

大阪地方裁判所ウェブサイト
http://www.courts.go.jp/osaka/saiban/kentiku/02_08_ryuiten04/index.html

③追加変更工事一覧表（本工事表記）

平成24年(ワ)第〇〇〇〇号、平成24年(ネ)第〇〇〇〇号

追加変更工事一覧表（平成24年〇〇月〇〇日原告作成）

項目	施工者側（原告）									施主側（被告）		
	本工事の内容	証憑	追加変更工事の内容	追加変更理由	証憑	A.本工事金額	B.変更後金額	差引(B−A)	本工事の認否	追加変更工事の認否	主張金額	証憑
1												
2												
3												
4												
5												
合計												

大阪地方裁判所ウェブサイト
http://www.courts.go.jp/osaka/saiban/kentiku/02_10_ryuiten06/index.html

第6部　巻末資料

④追加変更工事一覧表（本工事表記）の記載例

（記載例）

平成24年(ワ)第〇〇〇〇号、平成24年(メ)第〇〇〇〇号

追加変更工事一覧表（平成24年〇〇月〇〇日被告作成）

項目	本工事の内容	証拠	追加変更工事の内容	証拠	原告（施工業者）		A本工事金額	B変更後金額	差引(B-A)	本工事の認否	被告（施主側）		
					追加変更管理由	証拠					追加変更工事の認否	主張金額	証拠
1	1階洋室窓 ○○製○○○の引違い窓	甲1の○頁○行目	○○製○○○の引違い戸	甲2の○頁○行目	平成○年○月○日定例会議における施主からの指示	甲2の○頁○行目	100,000	60,000	-40,000	認める。	否認する。変更は承認しておらず、別途査定一覧表のとおり、修補に代わる損害賠償を請求する。	0	乙1の○頁○行目
2	1階浴室 ホーローの浴槽の設置	甲1の○頁○行目	ステンレス製浴槽の設置	甲2の○頁○行目	平成○年○月○日現場における施主からの指示	甲2の○頁○行目	200,000	500,000	300,000	認める。	ステンレス製の浴槽に変更されたことは認めるが金額は否認する。乙2の金額の合意はなく主張する。	200,000	乙1の○頁○行目
3	1階トイレ 和式トイレの設置	甲1の○頁○行目	ウオッシュレット付の洋式トイレの設置	甲2の○頁○行目	平成○年○月○日プランヌパニによる施主からの指示	甲2の○頁○行目	200,000	300,000	100,000	否認する。和式、洋式に限定されず、トイレ工事一式として金額が定められた。	ウオッシュレット付洋式トイレが設置されたことは認めるが、追加変更であることは否認する。本工事の範囲内である。	0	乙1の○頁○行目
4	2階和室		収納棚の新設	甲2の○頁○行目	平成○年○月○日電子メールによる施主からの指示	甲2の○頁○行目	0	150,000	150,000		認める。	150,000	
5	屋根工事 ルーフィング	甲1の○頁○行目	日本瓦仕上げ	甲2の○頁○行目	平成○年○月○日電話による施主からの指示	甲2の○頁○行目	300,000	700,000	400,000	否認する。当初から日本瓦で仕上げであった。	否認する。本工事は、日本瓦仕上げであった。	0	乙1の○頁○行目
合計									910,000			350,000	

大阪地方裁判所ウェブサイト
http://www.courts.go.jp/osaka/saiban/kentiku/02_10_ryuiten06/index.html

⑤追加変更工事一覧表

追加変更工事一覧表（平成24年○○月○○日原告作成）

平成24年(ワ)第○○○○号、平成24年(メ)第○○○○号

番号	項目	原告（施工者側）					被告（注文者側）			
		追加変更工事の内容	証拠	追加変更理由	証拠	金額	追加変更工事の認否、反論	証拠	主張金額	証拠
1										
2										
3										
4										
5										
	合計									

大阪地方裁判所ウェブサイト
http://www.courts.go.jp/osaka/saiban/kentiku/02_10_ryuiten06/index.html

（記載例）

⑥追加変更工事の記載例

追加変更工事一覧表（平成24年〇〇月〇〇日被告作成）

平成24年(ワ)第〇〇〇〇号、平成24年(ワ)第〇〇〇〇号、平成24年(ネ)第〇〇〇〇号

番号	項目	原告（施工者側）					被告（注文者側）			
		追加変更工事の内容	証拠	追加変更理由	証拠	金額	追加変更工事の認否・反論	証拠	主張金額	証拠
1	1階洋室東側窓	〇〇製〇〇〇の引違い戸	甲1の〇〇頁〇行目	平成〇年〇月〇日定例会議における施主からの指示	甲2の〇〇頁〇行目	60,000	否認する。追加は承認しておらず、別途施主確認一覧表のとおり、修補に代わる損害賠償を請求する。		0	
2	1階浴室	ステンレス製浴槽の設置	甲1の〇〇頁〇行目	平成〇年〇月〇日現場における指示	甲2の〇〇頁〇行目	500,000	ステンレス製の浴槽の追加指示をしたことは認めるが、金額は否認する。金額の合意はなく高すぎる。	Z1の〇〇頁〇行目	200,000	Z1の〇〇頁〇行目
3	1階トイレ	ウォシュレット付の洋式トイレの設置	甲1の〇〇頁〇行目	平成〇年〇月〇日ファックスによる施主からの指示	甲2の〇〇頁〇行目	300,000	ウォシュレット付洋式トイレが設置されたことは認めるが、追加変更であることは否認する。本工事の範囲内である。	Z1の〇〇頁〇行目	0	Z1の〇〇頁〇行目
4	2階和室	収納棚の新設		平成〇年〇月〇日電子メールによる施主からの指示	甲2の〇〇頁〇行目	150,000	認める。		150,000	
5	屋根工事	日本瓦仕上げ	甲1の〇〇頁〇行目	平成〇年〇月〇日電話による指示	甲2の〇〇頁〇行目	700,000	否認する。本工事自体、日本瓦仕上げであった。	甲2の〇〇頁〇行目	0	Z1の〇〇頁〇行目
6	2階洋式	本棚未施工	甲1の〇〇頁〇行目	平成〇年〇月〇日現場における施主からの指示	甲2の〇〇頁〇行目	-30,000	否認する。未施工とすることにつき、現場で指示しておらず、減額合意もない。		0	Z1の〇〇頁〇行目
	合計								350,000	

大阪地方裁判所ウェブサイト
http://www.courts.go.jp/osaka/saiban/kentiku/02_10_ryuiten06/index.html

第6部　巻末資料

⑦確認申請書

技研-第1号様式

確認申請書（建築物）

（第一面）

中間検査対象物件
申請書別添17をご参照下さい

　　建築基準法第6条の2第1項の規定による確認を申請します。この申請書及び添付
図書に記載の事項は、事実に相違ありません。

株式会社 ○○○○
代表取締役 ○○○○ 宛

平成 23年 10月 4日

申請者氏名　　　　○○○○　　印

設計者氏名　　㈱○○○○
　　　　　　　　　　代表取締役 ○○○○　　印

※手数料			
※受付欄 受付 23.10.04 平成 株式会社○○ 日 第 H23-○○ 号 係員印	※消防関係同意欄	※決裁欄 23.10.19	※確認番号欄 平成 3年10月19日 第 枝建認 ○○ 号 H23- 係員印

⑦ (1/11)

217

第6部　巻末資料

(第二面)

建築主等の概要

【1.建築主】
【イ.氏名のフリガナ】 ○○○○○○
【ロ.氏名】　　　　　○○○○
【ハ.郵便番号】　571-0057
【ニ.住所】　　　　大阪府門真市○○○○○○○○○○○○○○○○
【ホ.電話番号】　06-○○○○-○○○○

【2.代理者】
【イ.資格】　（一級）建築士　　（大臣　　　）登録第　○○○○-○○○○
【ロ.氏名】　　　代表取締役　○○　○○
【ハ.建築士事務所名】
　　　　　（一級）建築士事務所　（大阪府　）知事登録第　（ホ）○○○号
　㈱○○○○○○○○○○○○
【ニ.郵便番号】　　530-○○○○-○○○○
【ホ.所在地】　　　大阪市北区○○○○○○○○○○○○
【ヘ.電話番号】　06-○○○○-○○○○

【3.設計者】
（代表となる設計者）
【イ.資格】　（一級）建築士　　（大臣　　　）登録第　　○○○号
【ロ.氏名】　　　代表取締役　○○　○○
【ハ.建築士事務所名】
　　　　　（一級）建築士事務所　（大阪府　）知事登録第　（ホ）○○○号
　㈱○○○○○○○○○○○○
【ニ.郵便番号】　　530-○○○○
【ホ.所在地】　　　大阪市北区○○○○○○○○○○○○
【ヘ.電話番号】　06-○○○○-○○○○
【ト.作成又は確認した設計図書】
　　意匠図、設備図、構造図

（その他の設計者）
【イ.資格】　（　）建築士　　（　　　　　　）登録第
【ロ.氏名】
【ハ.建築士事務所名】
　　　　　（　）建築士事務所　（　　　　）知事登録第
【ニ.郵便番号】
【ホ.所在地】
【ヘ.電話番号】
【ト.作成又は確認した設計図書】

⑦　（2/11）

第6部　巻末資料

【イ.資格】（　　）建築士　　　　（　　　　　　　）登録第
【ロ.氏名】
【ハ.建築士事務所名】
　　　　　　　（　　）建築士事務所（　　　　）知事登録第

【ニ.郵便番号】
【ホ.所在地】
【ヘ.電話番号】
【ト.作成又は確認した設計図書】

【イ.資格】（　　）建築士　　　　（　　　　　　　）登録第
【ロ.氏名】
【ハ.建築士事務所名】
　　　　　　　（　　）建築士事務所（　　　　）知事登録第

【ニ.郵便番号】
【ホ.所在地】
【ヘ.電話番号】
【ト.作成又は確認した設計図書】

（構造設計一級建築士又は設備設計一級建築士である旨の表示をした者）
上記設計者のうち、
□建築士法第20条の2第1項の表示をした者
　【イ.氏名】
　【ロ.資格】構造設計一級建築士交付第

□建築士法第20条の2第3項の表示をした者
　【イ.氏名】
　【ロ.資格】構造設計一級建築士交付第

□建築士法第20条の3第1項の表示をした者
　【イ.氏名】
　【ロ.資格】設備設計一級建築士交付第

　【イ.氏名】
　【ロ.資格】設備設計一級建築士交付第

　【イ.氏名】
　【ロ.資格】設備設計一級建築士交付第

□建築士法第20条の3第3項の表示をした者
　【イ.氏名】
　【ロ.資格】設備設計一級建築士交付第

　【イ.氏名】
　【ロ.資格】設備設計一級建築士交付第

　【イ.氏名】
　【ロ.資格】設備設計一級建築士交付第

⑦　(3/11)

第6部　巻末資料

【4. 建築設備の設計に関し意見を聴いた者】
（代表となる建築設備の設計に関し意見を聴いた者）
　【イ. 氏名】　　　　　　　なし
　【ロ. 勤務先】
　【ハ. 郵便番号】
　【ニ. 所在地】
　【ホ. 電話番号】
　【ヘ. 登録番号】
　【ト. 意見を聴いた設計図書】

（その他の建築設備の設計に関し意見を聴いた者）
　【イ. 氏名】
　【ロ. 勤務先】
　【ハ. 郵便番号】
　【ニ. 所在地】
　【ホ. 電話番号】
　【ヘ. 登録番号】
　【ト. 意見を聴いた設計図書】

　【イ. 氏名】
　【ロ. 勤務先】
　【ハ. 郵便番号】
　【ニ. 所在地】
　【ホ. 電話番号】
　【ヘ. 登録番号】
　【ト. 意見を聴いた設計図書】

　【イ. 氏名】
　【ロ. 勤務先】
　【ハ. 郵便番号】
　【ニ. 所在地】
　【ホ. 電話番号】
　【ヘ. 登録番号】
　【ト. 意見を聴いた設計図書】

【5. 工事監理者】
（代表となる工事監理者）
　【イ. 資格】　（一級）建築士　　（大臣　　　）登録第　　○○○号
　【ロ. 氏名】　　　　　代表取締役　○○○○
　【ハ. 建築士事務所名】
　　　　（一級）建築士事務所　（大阪府　）知事登録第　（ホ）○○○号
　　　　㈱○○○○○○○○○○○
　【ニ. 郵便番号】　　530-○○○○
　【ホ. 所在地】　　　大阪市北区　○○○○○○○○
　【ヘ. 電話番号】　　06-○○○○-○○○○
　【ト. 工事と照合する設計図書】
　　　　確認申請図書一式

⑦　（4/11）

（その他の工事監理者）

【イ. 資格】（　　）建築士　　　　（　　　　　）登録第
【ロ. 氏名】
【ハ. 建築士事務所名】
　　　　　　　（　　）建築士事務所　（　　　）知事登録第

【ニ. 郵便番号】
【ホ. 所在地】
【ヘ. 電話番号】
【ト. 工事と照合する設計図書】

【イ. 資格】（　　）建築士　　　　（　　　　　）登録第
【ロ. 氏名】
【ハ. 建築士事務所名】
　　　　　　　（　　）建築士事務所　（　　　）知事登録第

【ニ. 郵便番号】
【ホ. 所在地】
【ヘ. 電話番号】
【ト. 工事と照合する設計図書】

【イ. 資格】（　　）建築士　　　　（　　　　　）登録第
【ロ. 氏名】
【ハ. 建築士事務所名】
　　　　　　　（　　）建築士事務所　（　　　）知事登録第

【ニ. 郵便番号】
【ホ. 所在地】
【ヘ. 電話番号】
【ト. 工事と照合する設計図書】

【6. 工事施工者】
　【イ. 氏名】　　　　代表取締役　○○○○
　【ロ. 営業所名】　　建設業の許可（大阪府知事　　）第（特21）○○号
　　　　　　　　　○○○株式会社
　【ハ. 郵便番号】　536-○○○
　【ニ. 所在地】　　大阪市○○○○○○○○○○○○○
　【ホ. 電話番号】　06○○○○-○○○○

【7. 備考】
【建築物の名称又は工事名】
【名称のフリガナ】　　○○○　テイシンチクコウジ
【名称】　　　　　　○○　邸新築工事

第6部　巻末資料

(第三面)

建築物及びその敷地に関する事項

【1. 地名地番】　大阪府○○○○○○○○○○○○

【2. 住居表示】　大阪府○○○○○○○○○○○○

【3. 都市計画区域及び準都市計画区域の内外の別等】
☑都市計画区域内　（☑市街化区域　　□市街化調整区域　　□区域区分非設定 ）
□準都市計画区域内　　　　　□都市計画区域及び準都市計画区域外

【4. 防火地域】　　□防火地域　　☑準防火地域　　□指定なし　　（□法第22条区域）

【5. その他の区域、地域、地区又は街区】
特定防災街区整備地区、下水道処理区域内、埋蔵文化財包蔵地域内

【6. 道路】
【イ. 幅員】　　　　　　　　　　　　　　4.700m
【ロ. 敷地と接している部分の長さ】　　　5.940m

【7. 敷地面積】
【イ. 敷地面積】
(1) (　　　122.16) (　　　0.00) (　　　0.00) (　　　0.00) ㎡
(2) (　　　　0.00) (　　　0.00) (　　　0.00) (　　　0.00) ㎡
【ロ. 用途地域等】
(二種中高層住居 　) (　　　　　　) (　　　　　　) (　　　　　)
【ハ. 建築基準法第52条第1項及び第2項の規定による建築物の容積率】
(　　　188.00) (　　　　0.00) (　　　　0.00) (　　　　0.00) %
【ニ. 建築基準法第53条第1項の規定による建築物の建ぺい率】
(　　　60.00) (　　　　0.00) (　　　　0.00) (　　　　0.00) %
【ホ. 敷地面積の合計】　　(1)　　122.16㎡
　　　　　　　　　　　　　　(2)　　　0.00㎡
【ヘ. 敷地に建築可能な延べ面積を敷地面積で除した数値】　　188.00%
【ト. 敷地に建築可能な建築面積を敷地面積で除した数値】　　60.00%
【チ. 備考】

【8. 主要用途】　（区分　08010）一戸建ての住宅

【9. 工事種別】
☑新築　　□増築　　□改築　　□移転　　□用途変更　　□大規模の修繕　　□大規模の模様替

【10. 建築面積】　　(　　　申請部分　　) (　申請以外の部分) (　　　合計　　)
【イ. 建築面積】　(　　　54.68) (　　　　0.00) (　　　54.68) ㎡
【ロ. 建ぺい率】　　　44.77%

⑦　(6/11)

第6部　巻末資料

【11. 延べ面積】	（　申請部分　）	（　申請以外の部分　）	（　　合計　　）	
【イ. 建築物全体】	（　　104.76）	（　　0.00）	（　　104.76）	㎡
【ロ. 地階の住宅の部分】	（　　0.00）	（　　0.00）	（　　0.00）	㎡
【ハ. 共同住宅の共用の廊下等の部分】				
	（　　0.00）	（　　0.00）	（　　0.00）	㎡
【ニ. 自動車車庫等の部分】	（　　0.00）	（　　0.00）	（　　0.00）	㎡
【ホ. 住宅の部分】	（　　104.76）	（　　0.00）	（　　104.76）	㎡
【ヘ. 延べ面積】	104.76㎡			
【ト. 容積率】	85.76%			

【12. 建築物の数】
　【イ. 申請に係る建築物の数】　　　　1
　【ロ. 同一敷地内の他の建築物の数】　　0

【13. 建築物の高さ等】	（　申請に係る建築物　）	（　　他の建築物　　）	
【イ. 最高の高さ】	（　　8.500）	（　　0.000）	m
【ロ. 階数】　地上	（　　2）	（　　0）	
地下	（　　0）	（　　0）	

　【ハ. 構造】　　　木造　在来工法
　【ニ. 建築基準法第56条第7項の規定による特例の適用の有無】　　☐有　☑無
　【ホ. 適用があるときは、特例の区分】
　　　☐道路高さ制限不適用　　☐隣地高さ制限不適用　　☐北側高さ制限不適用

【14. 許可・認定等】

【15. 工事着手予定年月日】　平成23年10月17日

【16. 工事完了予定年月日】　平成23年12月26日

【17. 特定工程工事終了予定年月日】　　　　　　　　（特定工程）
　（第　1回）　平成23年11月28日（屋根の小屋組みの工事　　　　　　　　　　　　）
　（第　　回）　　　　　　　　　　（　　　　　　　　　　　　　　　　　　　　　）
　（第　　回）　　　　　　　　　　（　　　　　　　　　　　　　　　　　　　　　）

【18. その他必要な事項】
　　住宅用火災報知器の設置

【19. 備考】

第6部 巻末資料

(第四面)

建築物別概要

【1. 番号】　1

【2. 用途】　（区分　08010）一戸建ての住宅
　　　　　　（区分　　　　）
　　　　　　（区分　　　　）
　　　　　　（区分　　　　）
　　　　　　（区分　　　　）

【3. 工事種別】
☑新築　□増築　□改築　□移転　□用途変更　□大規模の修繕　□大規模の模様替

【4. 構造】　　木造　在来工法

【5. 耐火建築物】　　準耐火建築物（イー2）

【6. 階数】
【イ. 地階を除く階数】　　　　　2
【ロ. 地階の階数】　　　　　　　0
【ハ. 昇降機塔等の階の数】　　　0
【ニ. 地階の倉庫等の階の数】　　0

【7. 高さ】
【イ. 最高の高さ】　　　　　　8.500m
【ロ. 最高の軒の高さ】　　　　6.260m

【8. 建築設備の種類】
　　電気、給排水、換気

【9. 確認の特例】
【イ. 建築基準法第6条の3第1項の規定による確認の特例の適用の有無】
　　☑有　□無
【ロ. 適用があるときは、建築基準法施行令第10条各号に掲げる建築物の区分】
　　第4号
【ハ. 建築基準法施行令第10条第1号又は第2号に掲げる建築物に該当するときは、
　　当該認定型式の認定番号】
【ニ. 建築基準法第68条の20第1項に掲げる認定型式部材等に該当するときは、当該認証番号】

【10. 床面積】　　　　（　　申請部分　　）（　申請以外の部分　）（　　合計　　　）
【イ. 階別】　（　F2階）（　　　　53.21）（　　　　　0.00）（　　　　53.21）㎡
　　　　　　（　F1階）（　　　　51.55）（　　　　　0.00）（　　　　51.55）㎡
　　　　　　（　　階）（　　　　　　　）（　　　　　　　）（　　　　　　　）㎡
　　　　　　（　　階）（　　　　　　　）（　　　　　　　）（　　　　　　　）㎡
　　　　　　（　　階）（　　　　　　　）（　　　　　　　）（　　　　　　　）㎡
　　　　　　（　　階）（　　　　　　　）（　　　　　　　）（　　　　　　　）㎡
【ロ. 合計】　　　　　（　　　104.76）（　　　　　0.00）（　　　104.76）㎡

【11. 屋根】　　　カラーベスト　不燃材料　NM-9567

⑦ （8/11）

224

第6部　巻末資料

【12. 外壁】	サイディング貼　準耐火構造　外壁ＱＦ０４５ＢＥ－９２２６
【13. 軒裏】	スラグせっこう板張　準耐火構造　軒裏ＱＦ０４５ＲＳ－９００１
【14. 居室の床の高さ】	560mm
【15. 便所の種類】	水洗
【16. その他必要な事項】 住宅用火災報知器設置	
【17. 備考】	

⑦　(9/11)

第6部 巻末資料

(第五面)

建築物の階別概要

【1. 番号】　　1

【2. 階】　　F1

【3. 柱の小径】　　105

【4. 横架材間の垂直距離】　　2,700mm

【5. 階の高さ】　　2,850mm

【6. 居室の天井の高さ】　　2,400mm

【7. 用途別床面積】

（用途の区分）	（ 具体的な用途の名称	）	（ 床面積	）	
【イ.】（08010	）（一戸建ての住宅	）	（	51.55）	㎡
【ロ.】（	）（	）	（	）	㎡
【ハ.】（	）（	）	（	）	㎡
【ニ.】（	）（	）	（	）	㎡
【ホ.】（	）（	）	（	）	㎡
【ヘ.】（	）（	）	（	）	㎡

【8. その他必要な事項】

【9. 備考】

⑦　(10/11)

第6部　巻末資料

(第五面)

建築物の階別概要

【1. 番号】　　1

【2. 階】　　F2

【3. 柱の小径】　　105

【4. 横架材間の垂直距離】　　2,700mm

【5. 階の高さ】　　0mm

【6. 居室の天井の高さ】　　2,400mm

【7. 用途別床面積】

	（用途の区分）		具体的な用途の名称			床面積	
【イ.】	（08010　）	（	一戸建ての住宅	）	（	53.21）	㎡
【ロ.】	（　　　）	（		）	（	）	㎡
【ハ.】	（　　　）	（		）	（	）	㎡
【ニ.】	（　　　）	（		）	（	）	㎡
【ホ.】	（　　　）	（		）	（	）	㎡
【ヘ.】	（　　　）	（		）	（	）	㎡

【8. その他必要な事項】

【9. 備考】

⑦　(11/11)

第6部　巻末資料

⑧確認済証

第6部　巻末資料

⑨中間検査申請書

中間検査申請書

（第一面）

　　特定工程に係る工事を終えましたので、建築基準法第7条の4第1項（これらの規定を同法第87条の2第1項又は第88条第1項において準用する場合を含む。）の規定により、検査を申請します。この申請書及び添付図書に記載の事項は、事実に相違ありません。

株式会社
代表取締役　　　　宛

平成23年11月22日

申請者氏名　　　　　　　㊞

第四面に記載の事項は、事実に相違ありません。
　　　　　工事監理者氏名

【検査を申請する建築物等】
　　■建築物　　　　□建築設備（昇降機）　　　□建築設備（昇降機以外）
　　□工作物（昇降機）　　□工作物（法第88条第1項）

※受付欄	※検査欄	※決裁欄	※検査済証欄
平成　年　月　日			平成　年　月　日
第　　　　号			第　　　　号
係員印			係員印

⑨（1/8）

第6部　巻末資料

（第二面）

建築主、設置者又は築造主等の概要

【1.建築主、設置者又は築造主】
【イ.氏名のフリガナ】
【ロ.氏名】
【ハ.郵便番号】
【ニ.住所】　　　　　大阪府
【ホ.電話番号】

【2.代理者】
【イ.資格】　（一級）建築士　　　（大臣　　　）登録第　　　　号
【ロ.氏名】　　　　代表取締役
【ハ.建築士事務所名】
　　　　　（一級）建築士事務所　（大阪府　）知事登録第　（ホ）　　号
　　　㈱
【ニ.郵便番号】
【ホ.所在地】　　　大阪市
【ヘ.電話番号】

【3.設計者】
（代表となる設計者）
【イ.資格】　（一級）建築士　　　（大臣　　　）登録第　　　　号
【ロ.氏名】　　　　代表取締役
【ハ.建築士事務所名】
　　　　　（一級）建築士事務所　（大阪府　）知事登録第　（ホ）　　号
　　　㈱
【ニ.郵便番号】
【ホ.所在地】　　　大阪市
【ヘ.電話番号】
【ト.作成した設計図書】
　　　意匠図、設備図、構造図

（その他の設計者）
【イ.資格】　（　　）建築士　　　（　　　　）登録第
【ロ.氏名】
【ハ.建築士事務所名】
　　　　　（　　）建築士事務所　（　　　）知事登録第

【ニ.郵便番号】
【ホ.所在地】
【ヘ.電話番号】
【ト.作成した設計図書】

⑨　（2/8）

第6部　巻末資料

```
【イ.資格】（　　）建築士　　　（　　　　　　　　）登録第
【ロ.氏名】
【ハ.建築士事務所名】
　　　　　　　　（　　）建築士事務所　（　　　　）知事登録第

【ニ.郵便番号】
【ホ.所在地】
【ヘ.電話番号】
【ト.作成した設計図書】

【イ.資格】（　　）建築士　　　（　　　　　　　　）登録第
【ロ.氏名】
【ハ.建築士事務所名】
　　　　　　　　（　　）建築士事務所　（　　　　）知事登録第

【ニ.郵便番号】
【ホ.所在地】
【ヘ.電話番号】
【ト.作成した設計図書】
```

```
【4.工事監理者】
（代表となる工事監理者）
【イ.資格】（一級）建築士　　　（大臣　　　）登録第　　　　　号
【ロ.氏名】　　　　　代表取締役
【ハ.建築士事務所名】
　　　　　　　（一級）建築士事務所　（大阪府　）知事登録第（ホ）　　号
　　　　㈱
【ニ.郵便番号】
【ホ.所在地】　　　　大阪市:
【ヘ.電話番号】
【ト.工事と照合した設計図書】
　　　　　　　確認申請図書一式

（その他の工事監理者）
【イ.資格】（　　）建築士　　　（　　　　　　　　）登録第
【ロ.氏名】
【ハ.建築士事務所名】
　　　　　　　　（　　）建築士事務所　（　　　　）知事登録第

【ニ.郵便番号】
【ホ.所在地】
【ヘ.電話番号】
【ト.工事と照合した設計図書】
```

⑨　(3/8)

第6部　巻末資料

【イ.資格】（　　）建築士　　　（　　　　　　　　）登録第
【ロ.氏名】
【ハ.建築士事務所名】
　　　　　　　（　　）建築士事務所　（　　　　）知事登録第

【ニ.郵便番号】
【ホ.所在地】
【ヘ.電話番号】
【ト.工事と照合した設計図書】

【イ.資格】（　　）建築士　　　（　　　　　　　　）登録第
【ロ.氏名】
【ハ.建築士事務所名】
　　　　　　　（　　）建築士事務所　（　　　　）知事登録第

【ニ.郵便番号】
【ホ.所在地】
【ヘ.電話番号】
【ト.工事と照合した設計図書】

【5.建築設備の工事監理に関し意見を聴いた者】
（代表となる建築設備の工事監理に関し意見を聴いた者）
【イ.氏名】　　　　　　　なし
【ロ.勤務先】
【ハ.郵便番号】
【ニ.所在地】
【ホ.電話番号】
【ヘ.登録番号】
【ト.意見を聴いた設計図書】

（その他の建築設備の工事監理に関し意見を聴いた者）
【イ.氏名】
【ロ.勤務先】
【ハ.郵便番号】
【ニ.所在地】
【ホ.電話番号】
【ヘ.登録番号】
【ト.意見を聴いた設計図書】

【イ.氏名】
【ロ.勤務先】
【ハ.郵便番号】
【ニ.所在地】
【ホ.電話番号】
【ヘ.登録番号】
【ト.意見を聴いた設計図書】

⑨　（4/8）

第6部　巻末資料

【イ.氏名】
【ロ.勤務先】
【ハ.郵便番号】
【ニ.所在地】
【ホ.電話番号】
【ヘ.登録番号】
【ト.意見を聴いた設計図書】

【6.工事施工者】
　【イ.氏名】　　　　　　代表取締役
　【ロ.営業所名】　　　　建設業の許可（大阪府知事　　）第（特21）　号
　　　　　　　　　　　　株式会社
　【ハ.郵便番号】
　【ニ.所在地】　　　　　大阪市
　【ホ.電話番号】

【7.備考】
　【建築物等の名称又は工事名】
　【名称のフリガナ】　　　テイシンチクコウジ
　【名称】　　　　　　　　邸新築工事

⑨（5/8）

第6部　巻末資料

(第三面)

申請する工事の概要

【1. 建築場所、設置場所又は築造場所】
　【イ. 地名地番】　　大阪府
　【ロ. 住居表示】　　大阪府

【2. 工事種別】
　【イ. 建築基準法施行令第10条各号に掲げる建築物の区分】
　　　　第4号
　【ロ. 工事種別】
　　　☑新築 □増築 □改築 □移転 □大規模の修繕 □大規模の模様替 □建築設備の設置
　【ハ. 建築基準法第68条の20第2項の検査の特例に係る認証番号】

【3. 確認済証番号】　　第技建認　　　　号

【4. 確認済証交付年月日】　平成23年10月19日

【5. 確認済証交付者】　株式会社

【6. 工事着手年月日】　平成23年10月24日

【7. 工事完了予定年月日】　平成23年12月26日

【8. 特定工程】
　【イ. 特定工程】　　　　　屋根の小屋組みの工事
　【ロ. 特定工程工事終了年月日】　平成23年11月22日
　【ハ. 検査対象床面積】　　　　　104.46㎡
　　　　　　　　　　　　　　　　　　76

【9. 今回申請以前の中間検査】【第		回）（第		回）
【イ. 特定工程】	（	）（		）
【ロ. 中間検査合格証交付者】	（	）（		）
【ハ. 中間検査合格証番号】	（	）（		）
【ニ. 交付年月日】	（	）（		）

【10. 今回申請以降の中間検査】【第		回）（第		回）
【イ. 特定工程】	（	）（		）
【ロ. 特定工程工事終了予定年月日】				
	（	）（		）

【11. 確認以降の軽微な変更の概要】
　【イ. 変更された設計図書の種類】
　【ロ. 変更の概要】

【12. 備考】

⑨　(6/8)

第6部　巻末資料

(第四面)

工事監理の状況

確認を行った部位、材料の種類等		照合内容	照合を行った設計図書	設計図書の内容について設計者に確認した事項	照合方法	照合結果(不適の場合には建築主に対して行った報告の内容)
敷地の形状、高さ、衛生及び安全	敷地	・高さ、形状、寸法 ・道路との接続の状況	配地図	なし	・UR立会いの元確認	適
	排水管	・管径、形状	配地図	なし	〃	適
	排水溝	・設置状況		なし	〃	適
	支持地盤	・種類(粘性土) ・地耐力(22.5KN/m²)	構造詳細図 構造計算書	なし	・土質調査、構造計算書との照合 (計算値20KN/m²)	適
主要構造部及び主要構造部以外の構造耐力上主要な部分に用いる材料(接合材料を含む。)の種類、品質、形状及び寸法	木材	・材料、種類、規格、仕上、品質、形状、寸法	摘要書 平面図	なし	・受入検査及び工程終了時に現場で照合	適
	コンクリート	・材料、種類、規格、品質、形状、寸法、仕上 ・四週圧縮強度等	断面図 矩計図 構造図	なし	・受入検査及び工程終了時に現場で照合	適
	鉄筋	・材料、種類、規格、仕上、品質、形状、寸法		なし	・ミルシートによる書類審査及び受入時の検査、工程終了時に現場で照合	適
	屋根材	・材料、寸法、形状		なし	・受入時の検査及び工程終了時に現場で照合	適
	外壁材	・材料、寸法、形状		なし	・受入時の検査及び工程終了時に現場で照合	適
	接合金物 アンカーボルト	・形状、寸法、品質		なし	・受入時の検査及び工程終了時に現場で照合	適
主要構造部及び主要構造部以外の構造耐力上主要な部分に用いる材料の接合状況、接合部分の形状等	柱と土台接合部	・接合状況	構造図	なし	・工程終了時に現場で確認	適
	柱と梁接合部	・接合状況		なし	・工程終了時に現場で確認	適
	筋かいの接合部	・接合状況		なし	・工程終了時に現場で確認	適
	壁の打ち付け	・接合状況		なし	・工程終了時に現場で確認	適
	土台と基礎との接合部	・接合状況		なし	・工程終了時に現場で確認	適
	管柱接合部	・接合状況		なし	・工程終了時に現場で確認	適
	基礎鉄筋の接合部分	・接合状況 ・継手の状況 ・重ね長さ		なし	・工程終了時に現場で確認	適
建築物の各部分の位置、形状及び大きさ	基礎	・位置、形状、寸法 ・配筋の本数、配置 ・配筋のかぶり厚さ	配置図 平面図 矩計図	なし	・工程終了時に現場で確認	適
	土台	・位置、形状、寸法	構造図	なし	・工程終了時に現場で確認	適
	柱、梁	・位置、形状、寸法 ・通し柱の状況		なし	・工程終了時に現場で確認	適
	筋かい 耐力壁	・位置、形状、寸法		なし	・工程終了時に現場で確認	適
	壁、床	・位置、形状、寸法		なし	・工程終了時に現場で確認	適
	屋根	・位置、形状、寸法		なし	・工程終了時に現場で確認	適
	建物全体	・平面形状、断面形状 ・建築物の高さ		なし	・工程終了時に現場で確認	適
	階段、廊下	・位置、形状、寸法		なし	・工程終了時に現場で確認	適
構造耐力上主要な部分の防腐、防蟻及び防錆措置及び状況	柱、筋かい 壁、土台	・防腐、防蟻措置の状況 ・防水措置の状況	矩計図 使用建築材料表	なし	・工程終了時に現場で確認 ・材料の確認	適 適
居室の内装の仕上に用いる建築材料の種別及び当該建築材料を用いる部分の面積	火気使用室の天井・壁	・仕上材の種類 ・仕上材の状況	仕上表 平面図			
天井及び壁の室内に面する部分に係る仕上げの材料の種別及び厚さ	各室の床・壁・天井	・下地の種類 ・接着剤の種類 ・仕上材の種類	仕上表 平面図 矩計図			
開口部に設ける建具の種類及び大きさ	外部開口部	・寸法、形状	平面図 断面図			

	確認を行った部位、材料の種類等	照合内容	照合を行った設計図書	設計図書の内容について設計者に確認した事項	照合方法	照合結果（不適の場合には建築主に対して行った報告の内容）
建築設備に用いる材料の種類並びにその照合した内容、構造及び施工状況（区間貫通部の処理状況を含む。）	居室の換気設備 天井裏の換気設備	・形状、寸法、規格、機器の性能（換気風量）	平面図 矩計図			
	天井裏、小屋裏	・下地材、断熱材等の種類				
	配管、配線	・種類、形状、寸法 ・設置状況				
	給水設備	・種類、形状、寸法 ・設置状況				
	排水設備	・種類、形状、寸法 ・設置状況				
	ガス設備	・形状、寸法、規格 ・機器の性能 ・設置状態				
	火災警報設備	・機器の性能 ・設置位置				
備考						

⑨ (8/8)

第6部　巻末資料

⑩中間検査合格証

技研-第 37 号 様式

建築基準法第7条の4第3項の規定による
中間検査合格証

第 技建認 ○○○○ 号
平 成 23 年 12 月 6 日

○○○○ 様

株式会社 ○○○○○○
代表取締役 ○○○○ ㊞

　　　下記による特定工程に係る工事は、建築基準法第7条の4第1項の規定による検査の結
果、建築基準法第6条第1項（建築基準法第6条の3第1項の規定により、読み替えて適
用される同法第6条第1項）の建築基準関係規定に適合していることを証明する。

記

1. 確認済証番号　　　　　　　　　第 技建認 H23-○○○ 号
2. 確認済証交付年月日　　　　　　平成23年10月19日
3. 確認済証交付者
　　　指定確認検査機関 株式会社○○ 代表取締役 ○○○○
4. 建築場所、設置場所又は築造場所
　　　大阪府○○○○○○○○
5. 検査を行った建築物、建築設備若しくは工作物又はその部分の概要
　　（建築物）
　　　(1) 建築物の名称又は工事名　　○○邸新築工事
　　　(2) 主要用途　　　　　　　　　一戸建ての住宅
　　　(3) 工事種別　　　　　　　　　新築
　　　(4) 延べ面積（建築物全体）　　104.76㎡　　　　　（検査対象床面積　　　104.76㎡ ）
　　　(5) 申請棟数　　　　　　　　　1棟
　　　(6) 主たる建築物の構造　　　　木造
　　　(7) 主たる建築物の階数　　　　地階を除く階数（地上階数）　　2階
　　　　　　　　　　　　　　　　　　地階の階数　　　　　　　　　　0階
6. 特定工程　　　　　　　　　　　屋根の小屋組の工事
7. 検査年月日　　　　　　　　　　平成23年11月25日
8. 検査を行った確認検査員氏名　　○○○○
9. 検査対象に関する特記事項

以上

（注意）　この証は、大切に保存しておいてください。

237

第6部　巻末資料

⑪完了検査申請書

技研-第27号様式

完了検査申請書

（第一面）

　工事を完了しましたので、建築基準法第 7 条の 2 第 1 項（これらの規定を同法第 87 条の 2 第 1 項又は第 88 条第 1 項若しくは第 2 項において準用する場合を含む。）の規定により、検査を申請します。 この申請書及び添付図書に記載の事項は、事実に相違ありません。

株式会社
代表取締役　　　　　宛

平成 23 年 12 月 21 日

申請者氏名

第四面に記載の事項は、事実に相違ありません。
　　　　　工事監理者氏名

【検査を申請する建築物等】
　■建築物　　　　　□建築設備（昇降機）　　　　□建築設備（昇降機以外）
　□工作物（昇降機）　□工作物（法第 88 条第 1 項）　□工作物（法第 88 条第 2 項）

※受付欄	※検査欄	※決裁欄	※検査済証欄
平 成　年　月　日			平 成　　年　　月　　日
第　　　　　号			第　　　　　　号
係員印			係員印

⑪ （1/8）

238

第6部　巻末資料

(第二面)

建築主、設置者又は築造主等の概要

【1.建築主、設置者又は築造主】
　【イ.氏名のフリガナ】
　【ロ.氏名】
　【ハ.郵便番号】
　【ニ.住所】　　　　大阪府.
　【ホ.電話番号】

【2.代理者】
　【イ.資格】　（一級）建築士　　　（大臣　　　）登録第　　　号
　【ロ.氏名】　　　　代表取締役
　【ハ.建築士事務所名】
　　　　　　（一級）建築士事務所　（大阪府　）知事登録第　（ホ）　　号
　　　　㈱
　【ニ.郵便番号】
　【ホ.所在地】　　　大阪市
　【ヘ.電話番号】

【3.設計者】
　（代表となる設計者）
　　【イ.資格】　（一級）建築士　　　（大臣　　　）登録第　　　号
　　【ロ.氏名】　　　　代表取締役
　　【ハ.建築士事務所名】
　　　　　　　（一級）建築士事務所　（大阪府　）知事登録第　（ホ）　　号
　　　　　㈱
　　【ニ.郵便番号】
　　【ホ.所在地】　　　大阪市
　　【ヘ.電話番号】
　　【ト.作成した設計図書】
　　　　　　意匠図、設備図、構造図

　（その他の設計者）
　　【イ.資格】　（　　）建築士　　　（　　　　）登録第
　　【ロ.氏名】
　　【ハ.建築士事務所名】
　　　　　　　（　　）建築士事務所　（　　　　）知事登録第
　
　　【ニ.郵便番号】
　　【ホ.所在地】
　　【ヘ.電話番号】
　　【ト.作成した設計図書】

⑪　(2/8)

第6部　巻末資料

【イ.資格】（　　）建築士　　　（　　　　　　　）登録第
【ロ.氏名】
【ハ.建築士事務所名】
　　　　　（　　）建築士事務所　（　　　）知事登録第

【ニ.郵便番号】
【ホ.所在地】
【ヘ.電話番号】
【ト.作成した設計図書】

【イ.資格】（　　）建築士　　　（　　　　　　　）登録第
【ロ.氏名】
【ハ.建築士事務所名】
　　　　　（　　）建築士事務所　（　　　）知事登録第

【ニ.郵便番号】
【ホ.所在地】
【ヘ.電話番号】
【ト.作成した設計図書】

【4.工事監理者】
（代表となる工事監理者）
【イ.資格】（一級）建築士　　　（大臣　　　）登録第　　　　号
【ロ.氏名】　　　代表取締役
【ハ.建築士事務所名】
　　　　　（一級）建築士事務所（大阪府　）知事登録第（ホ）　号
　　㈱
【ニ.郵便番号】
【ホ.所在地】　　　大阪市
【ヘ.電話番号】
【ト.工事と照合した設計図書】
　　　　確認申請図書一式

（その他の工事監理者）
【イ.資格】（　　）建築士　　　（　　　　　　　）登録第
【ロ.氏名】
【ハ.建築士事務所名】
　　　　　（　　）建築士事務所　（　　　）知事登録第

【ニ.郵便番号】
【ホ.所在地】
【ヘ.電話番号】
【ト.工事と照合した設計図書】

⑪　（3／8）

240

第6部　巻末資料

【イ.資格】（　　）建築士　　　（　　　　　　　）登録第
【ロ.氏名】
【ハ.建築士事務所名】
　　　　　　　（　　）建築士事務所　（　　　）知事登録第

【ニ.郵便番号】
【ホ.所在地】
【ヘ.電話番号】
【ト.工事と照合した設計図書】

【イ.資格】（　　）建築士　　　（　　　　　　　）登録第
【ロ.氏名】
【ハ.建築士事務所名】
　　　　　　　（　　）建築士事務所　（　　　）知事登録第

【ニ.郵便番号】
【ホ.所在地】
【ヘ.電話番号】
【ト.工事と照合した設計図書】

【5.建築設備の工事監理に関し意見を聴いた者】
（代表となる建築設備の工事監理に関し意見を聴いた者）
【イ.氏名】　　　　　　なし
【ロ.勤務先】
【ハ.郵便番号】
【ニ.所在地】　　　　　なし
【ホ.電話番号】
【ヘ.登録番号】
【ト.意見を聴いた設計図書】

（その他の建築設備の工事監理に関し意見を聴いた者）
【イ.氏名】
【ロ.勤務先】
【ハ.郵便番号】
【ニ.所在地】
【ホ.電話番号】
【ヘ.登録番号】
【ト.意見を聴いた設計図書】

【イ.氏名】
【ロ.勤務先】
【ハ.郵便番号】
【ニ.所在地】
【ホ.電話番号】
【ヘ.登録番号】
【ト.意見を聴いた設計図書】

⑪　（4/8）

第6部　巻末資料

【イ. 氏名】
【ロ. 勤務先】
【ハ. 郵便番号】
【ニ. 所在地】
【ホ. 電話番号】
【ヘ. 登録番号】
【ト. 意見を聴いた設計図書】

【6. 工事施工者】
【イ. 氏名】　　　　　代表取締役
【ロ. 営業所名】　　　建設業の許可（大阪府知事　）第（特21）　号
　　　　　　　　　　　株式会社
【ハ. 郵便番号】
【ニ. 所在地】　　　　大阪市
【ホ. 電話番号】

【7. 備考】
【建築物等の名称又は工事名】
【名称のフリガナ】　　　　テイシンチクコウジ
【名称】　　　　　　　　'邸新築工事

⑪（5/8）

242

（第三面）

申請する工事の概要

【1. 建築場所、設置場所又は築造場所】
　【イ. 地名地番】　　　大阪府
　【ロ. 住居表示】　　　大阪府

【2. 工事種別】
　【イ. 建築基準法施行令第10条各号に掲げる建築物の区分】
　　　第4号
　【ロ. 工事種別】
　　　☑新築 □増築 □改築 □移転 □大規模の修繕 □大規模の模様替 □建築設備の設置
　【ハ. 建築基準法第68条の20第2項の検査の特例に係る認証番号】

【3. 確認済証番号】　　　第技建認　　　　　号

【4. 確認済証交付年月日】　　平成23年10月19日

【5. 確認済証交付者】　　　株式会社

【6. 工事着手年月日】　　　平成23年10月24日

【7. 工事完了年月日】　　　平成23年12月21日

【8. 検査対象床面積】　　　104.76㎡

【9. 検査経過】	（第1	回）	（第	回）
【イ. 特定工程】	（屋根の小屋組みの工事	）	（	）
【ロ. 中間検査合格証交付者】	（株式会社	）	（	）
【ハ. 中間検査合格証番号】	（技建認	）	（	）
【ニ. 交付年月日】	（平成23年12月06日	）	（	）

【10. 確認以降の軽微な変更の概要】
　【イ. 変更された設計図書の種類】
　【ロ. 変更の概要】

【11. 備考】

第6部　巻末資料

(第四面)

工事監理の状況

	確認を行った部位、材料の種類等	照合内容	照合を行った設計図書	設計図書の内容について設計者に確認した事項	照合方法	照合結果(不適の場合には建築主に対して行った報告の内容)
敷地の形状、高さ、衛生及び安全	敷地	・高さ、形状、寸法 ・道路との接続の状況	配置図	なし	・UR立会いの元確認	適
	排水管	・管径、形状	配置図	なし	〃	適
	排水溝	・設置状況		なし	〃	適
	支持地盤	・種類(粘性土) ・地耐力	構造詳細図 構造計算書	なし	・土質調査、構造計算書との照合	適
主要構造部及び主要構造部以外の構造耐力上主要な部分に用いる材料(接合材料を含む。)の種類、品質、形状及び寸法	木材	・材料、種類、規格、仕上、品質、形状、寸法	概要書 平面図	なし	・受入検査及び工程終了時に現場で照合	適
	コンクリート	・材料、種類、規格、品質、形状、寸法、仕上 ・四週圧縮強度等	断面図 矩計図 構造図	なし	・受入検査及び工程終了時に現場で照合	適
	鉄筋	・材料、種類、規格、仕上、品質、形状、寸法		なし	・ミルシートによる書類審査及び受入時の検査、工程終了時に現場で照合	適
	屋根材	・材料、寸法、形状		なし	・受入時の検査及び工程終了時に現場で照合	適
	外壁材	・材料、寸法、形状		なし	・受入時の検査及び工程終了時に現場で照合	適
	接合金物 アンカーボルト	・形状、寸法、品質 ・形状、寸法、品質		なし	・受入時の検査及び工程終了時に現場で照合	適
主要構造部及び主要構造部以外の構造耐力上主要な部分に用いる材料の接合状況、接合部分の形状等	柱と土台接合部	・接合状況	構造図	なし	・工程終了時に現場で確認	適
	柱と梁接合部	・接合状況		なし	・工程終了時に現場で確認	適
	筋かいの接合部	・接合状況		なし	・工程終了時に現場で確認	適
	壁の打ち付け	・接合状況		なし	・工程終了時に現場で確認	適
	土台と基礎との接合部	・接合状況		なし	・工程終了時に現場で確認	適
	管柱接合部	・接合状況		なし	・工程終了時に現場で確認	適
	基礎鉄筋の接合部分	・接合状況 ・継手の状況 ・重ね長さ		なし	・工程終了時に現場で確認	適
建築物の各部分の位置、形状及び大きさ	基礎	・位置、形状、寸法 ・配筋の本数、配置 ・配筋のかぶり厚さ	配置図 平面図 矩計図 構造図	なし	・工程終了時に現場で確認	適
	土台	・位置、形状、寸法		なし	・工程終了時に現場で確認	適
	柱、梁	・位置、形状、寸法 ・通し柱の状況		なし	・工程終了時に現場で確認	適
	筋かい 耐力壁	・位置、形状、寸法		なし	・工程終了時に現場で確認	適
	壁、床	・位置、形状、寸法		なし	・工程終了時に現場で確認	適
	屋根	・位置、形状、寸法		なし	・工程終了時に現場で確認	適
	建物全体	・平面形状、断面形状 ・建築物の高さ		なし	・工程終了時に現場で確認	適
	階段、廊下	・位置、形状、寸法		なし	・工程終了時に現場で確認	適
構造耐力上主要な部分の防錆、防腐及び防蟻措置及び状況	柱、筋かい壁、土台	・防錆、防蟻措置の状況 ・防水槽置の状況	矩計図 使用建築材料表	なし	・工程終了時に現場で確認 ・材料の確認	適 適
居室の内装の仕上に用いる建築材料の種類及び当該建築材料を用いる部分の面積	火気使用室の天井・壁	・仕上材の種類 ・仕上材の状況	仕上表 平面図	なし	・受入時の検査及び工程終了時に現場で照合	適
天井及び壁の室内に面する部分に係る仕上げの材料の種類及び厚さ	各室の床・壁・天井	・下地の種類 ・接着剤の種類 ・仕上材の種類	仕上表 平面図 矩計図	なし	・受入時の検査及び工程終了時に現場で照合	適
開口部に設ける建具の種類及び大きさ	外部開口部	・寸法、形状	平面図 断面図	なし	・工程終了時に現場で確認	適

⑪　(7/8)

第6部　巻末資料

	確認を行った部位、材料の種類等	照合内容	照合を行った設計図書	設計図書の内容について設計者に確認した事項	照合方法	照合結果（不適の場合には建築主に対して行った報告の内容）
建築設備に用いる材料の種類並びにその照合した内容、構造及び施工状況（区間貫通部の処理状況を含む。）	居室の換気設備　天井裏の換気設備	・形状、寸法、規格、機器の性能（換気風量）	平面図　矩計図	なし	・受入時の製品確認及び取付時に現場で確認	適
	天井裏、小屋裏	・下地材、断熱材等の種類		なし	・受入時の製品確認及び取付時に現場で確認	適
	配管、配線	・種類、形状、寸法　・設置状況		なし	・受入時の製品確認及び取付時に現場で確認	適
	給水設備	・種類、形状、寸法　・設置状況		なし	・受入時の製品確認及び取付時に現場で確認	適
	排水設備	・種類、形状、寸法　・設置状況		なし	・受入時の製品確認及び取付時に現場で確認	適
	ガス設備	・形状、寸法、規格　・機器の性能　・設置状態		なし	・受入時の製品確認及び取付時に現場で確認	適
	火災警報設備	・機器の性能　・設置位置		なし	・受入時の製品確認及び取付時に現場で確認	適
備考						

⑪　（8/8）

245

第6部　巻末資料

⑫完了検査済証

技研-第 30 号様式

建築基準法第7条の2第6項の規定による
検査済証

○○○○ 様

第 技建認 ○○○○ 号
平 成 23 年 12 月 27 日

株式会社 ○○○○○○
代表取締役 ○○○○ 印

　下記に係る工事は、建築基準法第7条の2第1項の規定による検査の結果、建築基準法
第6条第1項（建築基準法第6条の3第1項の規定により、読み替えて適用される同法第
6条第1項）の建築基準関係規定に適合していることを証明する。

記

1. 確認済証番号　　　　　　　　第 技建認 H23･○○○ 号
2. 確認済証交付年月日　　　　　平成23年10月19日
3. 確認済証交付者
　　指定確認検査機関 株式会社○○○○○○○○○○
4. 建築場所、設置場所又は築造場所
　　大阪府○○○○○○
5. 検査を行った建築物、建築設備若しくは工作物又はその部分の概要
　（建築物）
　　(1) 建築物の名称又は工事名　　　○○邸新築工事
　　(2) 主要用途　　　　　　　　　　一戸建ての住宅
　　(3) 工事種別　　　　　　　　　　新築
　　(4) 延べ面積（建築物全体）　　104.76㎡　　　　　（検査対象床面積　　　104.76㎡ ）
　　(5) 申請棟数　　　　　　　　　　1棟
　　(6) 主たる建築物の構造　　　　　木造
　　(7) 主たる建築物の階数　　　　　地階を除く階数（地上階数）　　2階
　　　　　　　　　　　　　　　　　　地階の階数　　　　　　　　　　0階

6. 検査後も引き続き建築基準法第3条第2項（同法第86条の9第1項において準用する
　場合を含む。）の規定の適用を受ける場合は、その根拠となる規定及び不適合の規定

7. 検査年月日　　　　　　　　　　平成23年12月26日
8. 検査を行った確認検査員氏名　　○○○○

以上

　（注意）　この証は、大切に保存しておいてください。

第6部 巻末資料

⑬概要書

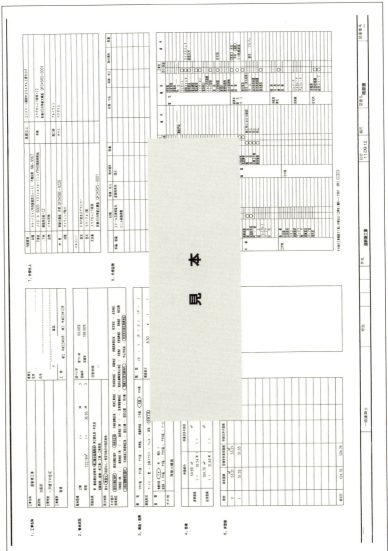

第6部　巻末資料

⑭仕上表

⑮仕様書

見 本

■基礎躯体

項目	仕様	備考
基礎	鉄筋コンクリート造 ベタ基礎 モルタル金ゴテ仕上げ	
基礎パッキン構法	ポリエチレンフィルム敷込	
本造躯体	木造在来工法	
階高・軒高	天井高1.6.2F CH=2,400mm	
◆ 特記事項	4寸勾配	

■床下・天井下地

1. 床下地

1階床	構造用合板(厚)1F/24mm・2F/24mm	
2階床	構造用合板+カラーフロア t=12mm	
天井	構造用合板+カラーフロア t=12mm	

2. 壁・天井下地

内壁	石膏ボード t=15	
天井	吹込ロックウール又はグラスウールt=4〜40mm(天井間)	

■内外装仕様

1. 外壁・屋根

		メーカー
屋根	構造用面材アリ12mm	
屋根葺材	カラーベスト・コロニアルグラッサ	Knew ワタリ
外壁	4寸勾配	

2. 軒先・雨・水切り

		メーカー
破風・鼻隠	アスベスト・パーライト(窯業系不燃材認定品)	NBL
軒裏	エコセールド(不燃材)	NBL ミルクホワイト
軒樋	ハイクアコア・ケアーPC50	Knew ミルクホワイト
水切り	塩化ビニール軟質鋼管Φ60mm	サッシ同色

4. 付帯

		メーカー
サイディング14mm(アクセント) 木目調		Knew シダーブラウン
サイディング14mm(ベース) ブレッドストーン		Knew ニュアンスホワイト

4.バルコニー

防水	FRP防水工法	
笠木	カラー鋼板	サッシ同色
手摺壁	バルコニー手すり金具(OP)	本体金具(OP)

6. 住宅設備

固定収納内部	GL・1°面(反射型耐磨認証材付)	
勝手口建具	モルタル金ゴテ手引き 900×800×250×770	

■設備仕様

1. 電気設備

		備考
屋内配線工事・屋外引込工事		
屋内配線工事	2口コンセント	小型物入(OP)
室内電気工事	リビング1ヶ所・ダイニング1ヶ所・各部屋2ヶ所 洗面室1ヶ所・各廊下1ヶ所	
弱電用コンセント	エアコン6ヶ所及びLDK・電子レンジ・食器棚裏 リビング各部屋1ヶ所・洗濯機裏・冷蔵庫裏 各1ヶ所	
	アース付コンセント・冷蔵庫・トイレ 各1ヶ所	
防水コンセント	給排気扇	
電灯配線		

分電盤

項目	品番	備考
漏電遮断器(感度電流)	6ヶ所	
ダウンライト	8ヶ所	キッチン HEA1M90E
キッチン		HFA1780E/OP

2. 照明器具

照明器具(照明器具付)	ボード照明・廊下・各居室・洗面所・玄関	
	キッチン・各部ST・トイレ・リビング	小型物入(OP)
	シダー各1ヶ所・人感センサーダウンライト	
所(OP)	11回路漏電警報器付	

4. 屋外給排水

屋外給排水工事	屋内給排水工事・本工事内でBOX1ヶ所製作・立水栓(OP)	
屋外排水	屋外排水管接続工事	
接手工事	キッチン・食洗機・浴室・洗面・トイレ・床暖機・給湯器・散水栓	
給水ヶ所	BOX1ヶ所	

6.ガス設備

ガスレンジ	温水式機器付オートタイプ(24号)	

6. その他設備

太陽光発電(OP)	KHF2-274 C-602 2ch	キッチン・13枚 2回路
	1.8kW 基礎置(OP)	コイズミAK6040350
	人感センサー付スポットライト 勝手口(OP)	

■住宅設備仕様

1. 厨房機器

項目	仕様	備考
キッチン	間口2,550mm	タカラスタンダード OFELIA
吊戸棚		
戸棚面材	キッチン収入	
人造大理石		
天板色	ステンレスシンク	
レンジフード	加熱防煙器	
水栓		
換気扇		
水栓金		
面板色		小物 MGN〜KH
扉面材	JK601C	
吊戸棚色	HN8ラベージュ	
キッチンパネル色	ナチュラルグレージュ	
実物色	ステンレス	
レンジフード色	シルバータイプ	
コンロ色	DHによる	
面板基色	JK601C	

3. サニタリー給湯

洗面化粧台		タカラスタンダード
洗面化粧台色	Elcio	

4. トイレ設備

トイレ		CS350+SH350DRA+TCF2111
洗面化粧台色	CI840	TOTO 原屋色
タオル掛け	TY900,TY30054	TOTO
面板色	JK601C	
洗面ボウル色(S)	ホワイト	

ウォシュレット付便座(張具連結型)	TOTO	
ペーパーホルダー	YH60N	TOTO
タオルリング	YT410	TOTO
面板面色	バスタオルホルダー	

MBNA〜P

決定日 平成21年 月 日

来日日 平成 年 月 日 / 氏名：

○○○○○○○○○○ 邸

仕様書

工事	営業	設計	作成者
印			

⑯配置図

見本

第6部 巻末資料

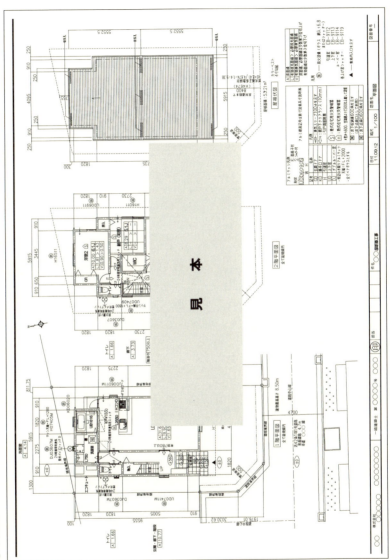

⑰平面図

第6部 巻末資料

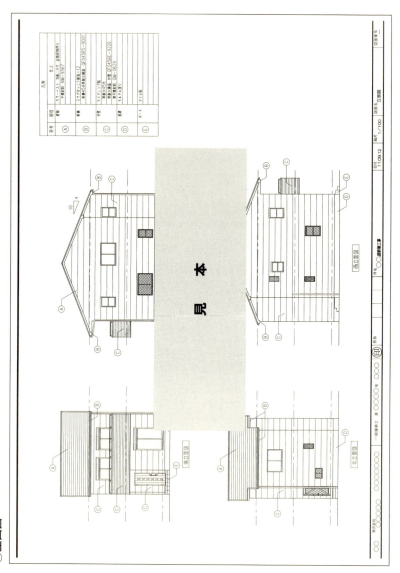

⑱ 立面図

第6部 巻末資料

⑲断面図

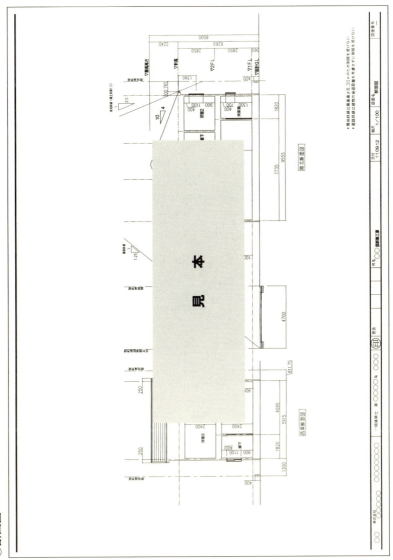

253

⑳矩計標準図、準耐火リスト

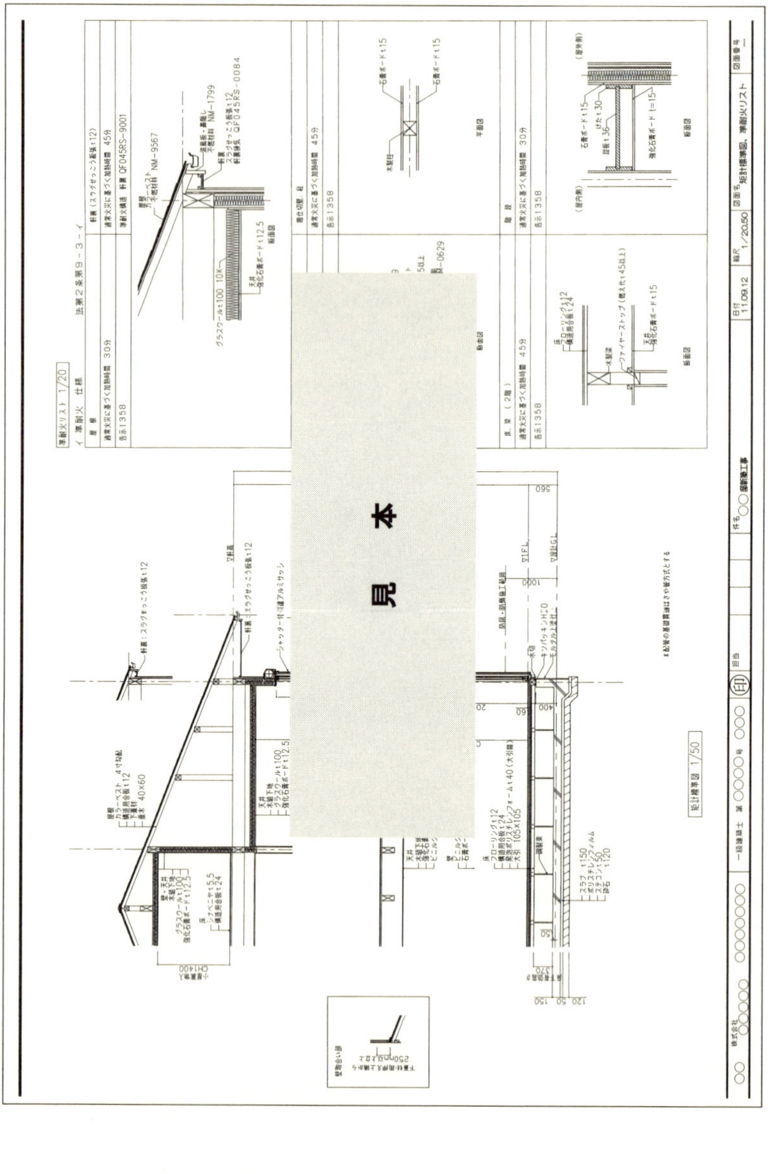

第6部 巻末資料

㉑耐力壁金物図

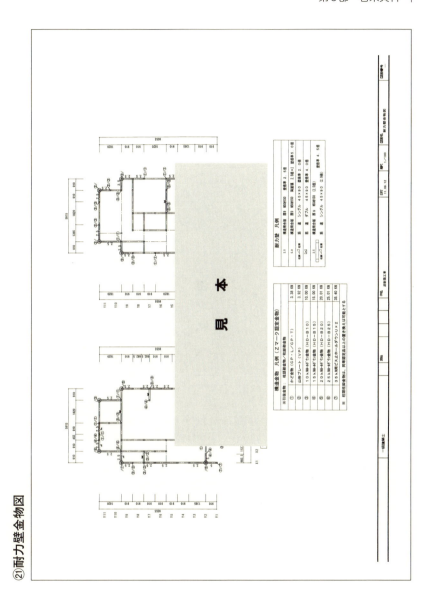

255

第6部 巻末資料

㉒基礎伏図

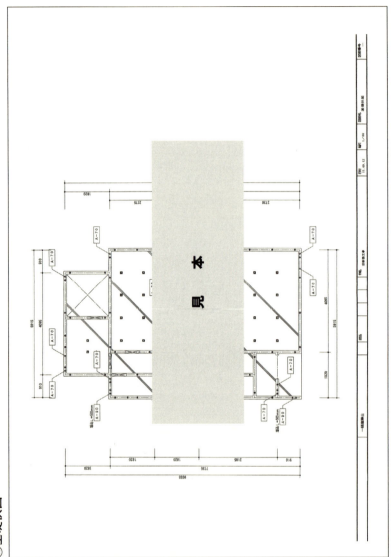

256

第6部　巻末資料

㉓土台伏図

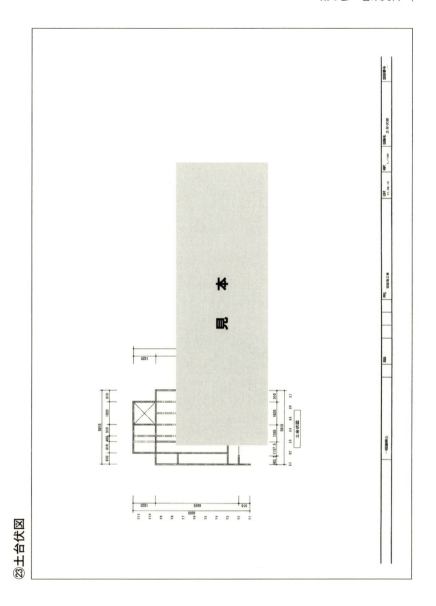

257

第6部 巻末資料

㉔ 2階梁伏図、小屋伏図

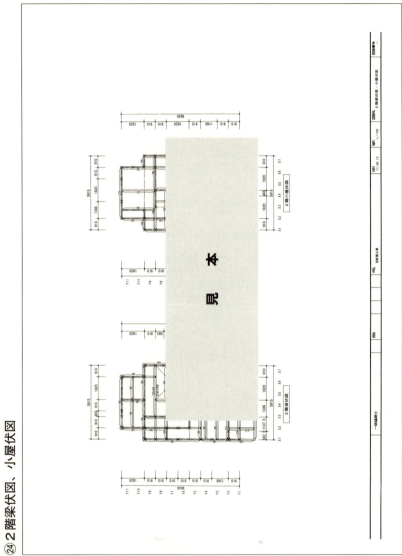

258

第6部 巻末資料

㉕ 1階設備図

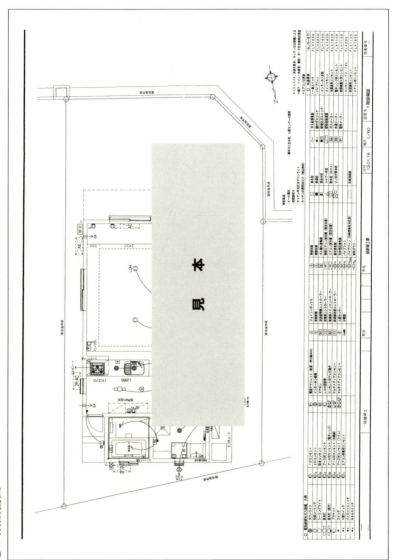

259

第6部 巻末資料

㉖ 2階設備図

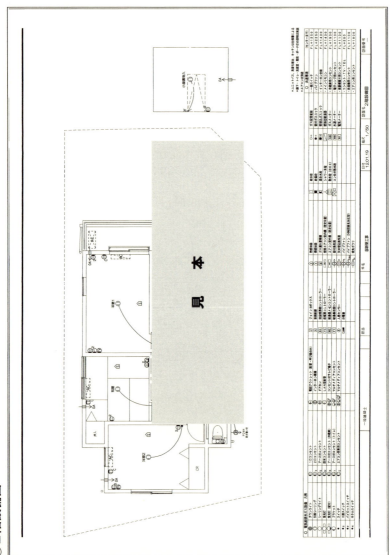

第6部　巻末資料

㉗従来軸組構法，枠組壁工法の架構（木質構造）

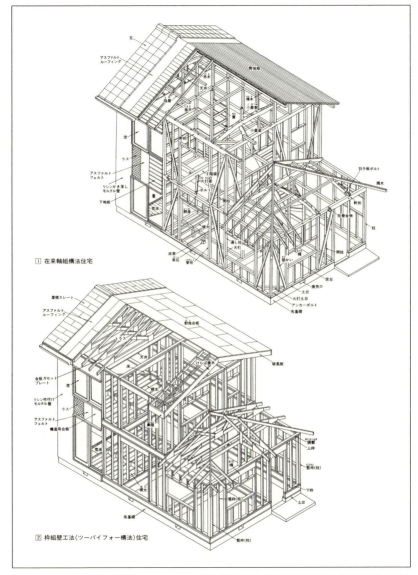

1 在来軸組構法住宅

2 枠組壁工法(ツーバイフォー構法)住宅

(『構造用教材』17頁（日本建築学会，第3版第1刷））

第6部　巻末資料

㉘建物引渡書（引渡証明書）

平成○年○月○日

建物引渡書

○○○○○○○○○○
　　　　○○○○ 殿

株式会社 ○○○○○○○○
執行役員支店長 ○○○○ 印

下記の工事が完成いたしましたので御引渡し致します。

記

1. 工　事　名　称　　　○○○○○○新築工事

2. 工　事　場　所　　　○○○○○○○○○○

3. 完　成　年　月　日　　平成 ○ 年 ○ 月 ○ 日

4. 引　渡　年　月　日　　平成 ○ 年 ○ 月 ○ 日

第6部　巻末資料

㉙建物受領書

平成○年○月○日

建物受領書

株式会社○○○○○○○○
執行役員支店長　○○○○　　殿

代表理事会長　○○○○　㊞

下記の物件を受領致しました。

記

1. 工　事　名　称　　　○○○○○○新築工事

2. 工　事　場　所　　　○○○○○○○○○

3. 完　成　年　月　日　　平成○　年○月○日

4. 引　渡　年　月　日　　平成○　年○月○日

263

第6部　巻末資料

◆住宅関係全般に係る相談窓口について

　参考例として、大阪府建築行政マネジメント推進協議会では、住宅関係に係るトラブルの防止対策の一環として、「住宅関係全般に係る相談窓口一覧表」を作成し、次の項目ごとに相談窓口をまとめています。

・住宅全般に関すること
・住宅全般やリフォームに関する各種制度に関すること
・マンションの管理・購入に関すること
・建築技術に関すること
・福祉・健康に関すること（バリアフリー、シックハウス、アスベストなど）
・防犯設備に関すること
・ガス・電気機器に関すること
・木材・緑化・害虫に関すること
・法律相談及びトラブルに関すること
・不動産に関すること
・消費者契約に関すること
・融資・税金に関すること
・防災情報に関すること

　一覧表は、下記よりダウンロードすることができます。
http://www.pref.osaka.lg.jp/kenshi_anzen/anzen_kaigi/soudannmadoguti.html

事 項 索 引

【アルファベット】
ADR··················123

【あ】
雨水の浸入を防止する部分···· 107, 111
雨漏り··················25
慰謝料··················32, 164
一級建築士··············1, 21
一式工事················179
逸失利益················162
売建住宅················9

【か】
解除·············· 105, 151, 156, 170, 193
外壁タイル··············83
拡大損害················163
確認検査機関············3, 8, 160
確認済証·········· 3, 8, 30, 84, 196, 228
瑕疵····················151
　隠れた——············193
　建物としての基本的な安全性を損な
　う··················144, 158
瑕疵一覧表·········· 120, 135, 211, 212
瑕疵修補請求
　売買契約における——········32, 105
　請負契約における——········81, 105
　——に代わる損害賠償請求···81, 154
瑕疵担保責任
　売買契約における—— ···· 11, 32, 193
　請負契約における—— ········12, 144
　——の期間··············106
瑕疵担保責任履行法　⇒　特定住宅瑕
　疵担保責任の履行の確保等に関する
　法律

過失相殺················167
過分の費用··············155
仮差押え················110
仮住まい費用············161
鑑定····················133, 137
監理····················4, 206
管理····················5
管理組合················90
完了検査················4, 8, 209
完了検査済証··········4, 8, 30, 209, 246
技術水準　⇒　施工水準
既施工部分に関する報酬額········173
基本設計················3, 205
休業損害················162
給付を受ける利益··········171
供託
　瑕疵担保保証金の——········19, 140
　宅建業法上の——············21, 44
居住利益の控除············165
区分所有法　⇒　建物の区分所有等に
　関する法律
クーリング・オフ··········20, 77
結露····················26
減工事··················63
現象の原因·············36, 41, 120
建設業者等が供託すべき保証金　⇒
　供託
建設業法上の許可··········22
建設工事紛争審査会········126
現地確認　⇒　現地調査
建築確認申請（書）····· 3, 8, 30, 51, 84,
　　　　　　　　　　96, 106, 217
建築基準法················13
建築基準法施行令··········13

265

事項索引

建築基準法施行規則··············13
建築計画概要書·············30, 51, 96
建築士等に要する費用　⇒　専門家に
　要する費用
建築主事··················3, 8, 160
建築専門部·········43, 60, 119, 131
建築物定期調査結果報告書·········85
現地調査
　······37, 38, 40, 71, 73, 87, 98, 108, 115
現場の保存·················42, 86
公益社団法人民間総合調停センター
　······················125
工事監理　⇒　監理
構造計算適合性··············4
構造耐力上主要な部分
　·········19, 32, 105, 107, 111, 137
告示·····················14
国民生活センター紛争解決委員会
　······················126
戸建て住宅·················9
コンサルタント業者·········7, 144

【さ】

債務不履行責任
　請負契約における ―― ·····144
　売買契約における ―― ·····195
サラカン··················4
残代金請求·················169
仕事の完成·················146
実施設計··················3, 205
実費積算方式················183
住宅瑕疵担保責任保険法人·····8, 141
住宅性能評価（書）·····9, 18, 97, 108
住宅の品質確保の促進等に関する法律
　············18, 107, 139, 195
住宅紛争審査会··············124
重要事項説明義務
　宅地建物取引業者の ―― ·····21, 196

建築士の ―― ·············22
重要事項説明書··············29
竣工··················5, 210
竣工図·············31, 84, 96
仕様書·········3, 84, 96, 205, 249
消防設備··················16
消滅時効··················149
条例·····················15
諸経費···················174
除斥期間·············145, 149
新築住宅··················18, 32
新築住宅保険証書·············29
尋問····················138
積算方式··················183
施工管理　⇒　管理
施工水準·············120, 153
施工図面··················96
施工精度不足···············153
設計···················2, 202
設計図書（設計図面）·······2, 31, 96
専門委員·············69, 136
専門家に要する費用········36, 99, 163
相殺·············59, 101, 176
　請負人からの ―― ·········166
損益相殺··················165
損耗減価分の控除············166

【た】

宅地造成··················16
宅地建物取引業者············20
宅地建物取引業保証協会に対する苦情
　申立て·············110, 141
タケカン··················5
建売住宅··················9
建て替え請求···············33
建物の区分所有等に関する法律····190
建物引渡書　⇒　引渡証明書
断面図·············3, 96, 205, 253

事項索引

仲介業者······················20, 196
中間検査······················4, 209
中間検査合格証·········4, 30, 209, 237
注文者の与えた指図········80, 155, 167
調停···························113
調停条項························121
調停に代わる決定（17条決定）
························72, 116, 119
追加・変更工事·············49, 50, 63
追加変更工事一覧表······63, 213〜216
追加変更工事代金（金額）の合意
·····················50, 104, 183
追加変更工事代金の請求···47, 101, 179
追加変更工事の合意········50, 104, 182
定期報告制度·····················85
同時履行の抗弁··············59, 101
道路·······················17, 199
特定住宅瑕疵担保責任の履行の確保等
に関する法律···········19, 139
都市計画···················15, 199

【な】
二級建築士·······················2, 21

【は】
配置図···················3, 205, 250
配転替え···················62, 132
バリアフリー················56, 188
反訴···························177
美観·················135, 153, 189
引渡証明書··············5, 210, 262
引越し費用······················161
品確法　⇒　住宅の品質確保の促進等
に関する法律
付調停····················69, 116
不法行為責任·············13, 156
平面図··············3, 96, 205, 251
別府マンション事件··············157

変更工事　⇒　追加・変更工事
弁護士費用···············34, 99, 165
法令違反··················120, 153
保険·······················19, 140
──付き住宅·······97, 100, 108, 134
補修費用···············40, 44, 120
補修方法···················40, 45
本工事···············49, 52, 102

【ま】
見積り落ち·······················55
未払代金の請求··············58, 100
民間（旧四会）連合協定工事請負契約
約款·················4, 149
名義貸し··············22, 159, 197
木造建築士·······················2, 22

【や】
約定違反··················120, 152

【ら】
履行遅滞···············59, 101, 176
立面図··············3, 96, 205, 252
リフォーム··················75, 185

ここが知りたい 建築紛争
　建築士と弁護士が事例で読み解く実務

定価：本体2,700円（税別）

平成28年11月30日　初版発行

編　者　NPO法人　建築問題研究会

発行者　尾　中　哲　夫

発行所　日　本　加　除　出　版　株　式　会　社

本　　社　郵便番号 171-8516
　　　　　東京都豊島区南長崎 3 丁目 16 番 6 号
　　　　　　　ＴＥＬ　（03）3953 - 5757（代表）
　　　　　　　　　　　（03）3952 - 5759（編集）
　　　　　　　ＦＡＸ　（03）3953 - 5772
　　　　　　　ＵＲＬ　http://www.kajo.co.jp/

営　業　部　郵便番号 171-8516
　　　　　東京都豊島区南長崎 3 丁目 16 番 6 号
　　　　　　　ＴＥＬ　（03）3953 - 5642
　　　　　　　ＦＡＸ　（03）3953 - 2061

組版　㈱ 郁文　／　印刷・製本　㈱ 倉田印刷

落丁本・乱丁本は本社でお取替えいたします。
Ⓒ 2016
Printed in Japan
ISBN978-4-8178-4349-4 C2032 ¥2700E

JCOPY 〈出版者著作権管理機構　委託出版物〉
　本書を無断で複写複製（電子化を含む）することは，著作権法上の例外を除き，禁じられています。複写される場合は，そのつど事前に出版者著作権管理機構（JCOPY）の許諾を得てください。
　また本書を代行業者等の第三者に依頼してスキャンやデジタル化することは，たとえ個人や家庭内での利用であっても一切認められておりません。

〈JCOPY〉　ＨＰ：http://www.jcopy.or.jp/,　e-mail：info@jcopy.or.jp
　　　　　電話：03-3513-6969，ＦＡＸ：03-3513-6979

建築瑕疵の法律と実務

岩島秀樹・青木清美 著
2015年10月刊 B5判 480頁 本体5,300円+税 978-4-8178-4260-2

商品番号：40602
略　号：建法

● 建築瑕疵に関する250以上にわたる判例を、建築物の部位ごとに分析。建築分野については、法律実務家に必要な建築の基本的知識はもとより、建築物の部位ごとに不具合事象、原因、調査方法、補修方法を解説。法律分野については、瑕疵判断に関する基本的知識のほか、建築関係訴訟の要件事実、抗弁、再抗弁等を整理。

新・マンション管理の実務と法律
高齢化，老朽化，耐震改修，建替えなんて怖くない！

齊藤広子・篠原みち子・鎌野邦樹 著
2013年11月刊 A5判 316頁 本体2,800円+税 978-4-8178-4125-4

商品番号：40533
略　号：マン管

● 工学研究者・弁護士・法学研究者による、工学・法学知識、トラブル予防・解決法を一冊に網羅。多様な「トラブル予防策・解決策」を、最新事例を交えて解説。「耐震改修促進法」「被災マンション法」の改正を踏まえ、これから起こるであろう様々な問題を法的観点から考察。

日本加除出版

〒171-8516　東京都豊島区南長崎3丁目16番6号
TEL（03）3953-5642　FAX（03）3953-2061（営業部）
http://www.kajo.co.jp/